뒤엉킨 관계의
끈을 푸는 기술

친한 사이와 불편한 사이
그 어디쯤에 있는
당신을 위한 심리 수업

손정연 지음

뒤엉킨 관계의
끈을 푸는 기술

팜파스

나는 왜 이렇게 관계가
불편하고 힘들기만 할까?

오아시스oasis: 위안이 되는 사물이나 장소를 비유적으로 이르는 말

어느 날 우연히 찾은 카페 벽에 쓰여 있더군요. 누구나 알고 있는 오아시스에 대한 사전적 의미입니다. 그날 그 벽을 바라보며 저는 '나도 누군가에게 오아시스 같은 사람이고 싶다'라는 생각을 했습니다. 그런 생각을 왜 했는지는 알 수 없습니다. 분명한 것은 그 순간 '누군가에게 무엇이고 싶다'라는 방식으로 저의 존재를 확인하고자 했다는 것이죠. 하필 왜 이런 방식이었을까요?

우리는 흔히 인간에 대한 정의를 할 때 관계적 존재라는 말을 합니다. 인간은 누구나 관계 속에 존재하고, 관계를 통해 삶의 희

로애락을 경험한다는 뜻이죠. 혼자인 듯 살아가지만 결코 혼자가 될 수 없는 인간의 운명, 과연 어떻게 살아가는 것이 잘 사는 것일까요? 저는 개인의 주체성을 확립하고 타인과의 관계를 회복하는 것이 우리의 삶을 한층 더 평화롭고 풍요롭게 해줄 것이라는 믿음으로 이 책을 썼습니다.

2장은 관계를 형성하고 유지하는 데 큰 영향을 미치는 대인사고와 신념에 대해, 3장은 수많은 관계 중 유독 상처를 주고받는 주범에 속하는 의미 있는 타인과의 갈등에 대해, 4장은 어떻게 하면 좀 더 나은 방향으로 갈등을 풀고 마음의 상처를 회복할 수 있을지에 대해 이야기했습니다. 특별히 1장에서는 심리학적 접근을 떠나 사람에게 받은 상처로 인간관계에 대한 필요성을 느끼지 못하고, 소모적 인간관계에 권태를 느끼는 사람들과 나누고픈 이야기를 썼습니다. 그들이 더 이상 자발적 아웃사이더를 자초하며 사회적 고립의 길을 선택하는 일이 없기를 바라면서 말이죠. 사람과 사람 사이 마음의 문을 닫아버린 그들이 '나만 그런 게 아니었어'를 느끼며, 다시 관계 속으로 들어가고 싶은 마음이 생기도록 용기를 주고 싶었습니다. 아마도 사람에게 받은 상처는 사람으로 치유된다는 말을 증명하고 싶었던 것인지도 모르겠습니다.

저는 책을 쓰는 내내 스스로에게 질문했습니다. '어떤 인간관계가 이상적 관계일까?' 답은 여전히 오리무중입니다. 책을 쓴 작가로서 무책임하다고 할 수도 있습니다. 하지만 염치없게도 이것이 사실임을 밝힙니다. 그리고 어쩌면 정답이 없기에 우리가 관계 속에서 좀 더 유연해질 수 있는 것은 아닐까 생각합니다.

저 또한 관계를 맺는 것이 서툰 사람입니다. 가끔은 관계 안에서 받은 상처들로 속상해하며 상대를 미워하기도 하고, 내 선택을 후회하기도 했습니다. 그것은 누구를 향한 화도 스스로를 원망하며 느끼는 억울함도 아닌, 그저 내가 아픈 것임을 한참이 지난 후에야 알게 되었습니다. 어느 순간 컬러풀한 세상과 다르게 나 혼자만 흑백 속에 갇힌 것 같아 불안하고, 어떻게든 화려한 색깔 속으로 들어가기 위해 안절부절 애쓰고 있는 내가 보여 가엽기도 했습니다. 그냥 내 색깔을 인정하고 누리는 것이 도대체 무엇인지 알 수도 없고, 알고 싶지도 않았습니다. 너무 아팠으니까요. 그래서 용기 내어 저처럼 관계 맺기에 서툴러 상처투성이가 되어본 적이 있는 사람들에게 말해주고 싶었습니다. 아프다고 숨거나 도망친다고 해서 자유로울 수는 없다는 것을. 아프지만 인간의 행복은 관계 속에 존재하며, 그 안에서 나를 확인하며 살아가는 것이 인간의 숙명임을 인정해야 한다는 것을.

현재 내가 맺는 관계 방식은 지금까지 내가 선택했던 것들의 '합'을 의미합니다. 내 선택의 기준은 무엇이었는지, 누구였는지 등 선택의 순간 내가 떠올린 것들이 가리키는 바에 대해 이야기하다 보면 관계가 어떤 모습을 하고 있는지 깨닫게 될 것입니다. 이 책이 당신의 관계 퍼즐을 맞춰주는 길잡이가 될 수 있었으면 합니다.

특별히 책을 읽다 보면 강한 울림을 주는 문구가 있습니다. 심리학자 빅터 프랭클의 체험 수기《죽음의 수용소에서》에는 자극과 반응 사이에 존재하는 공간, 즉 선택의 자유와 힘에 대한 설명이 있습니다. 누군가의 인생을 결정짓는 세상의 많은 자극과 반응은 사실 내가 선택하는 것이며, 그 선택 안에 개인의 성장과 자유가 놓여 있다는 것입니다. 이미 결정된 인생이 아니라 충분히 만들어갈 수 있는 과정의 인생이라는 것이죠.

안타깝게도 관계에 어려움을 겪고 있는 사람 중에는 공간보다는 눈으로 보이는 자극과 반응에 집중하는 사람이 더 많습니다. 좋은 자극이 선행되지 않았기 때문에 좋은 반응을 할 수 없다는 것입니다. 또는 좋은 자극을 주었음에도 불구하고 좋은 반응이 되돌아오지 않았기 때문에 관계의 끈을 놓아버린 것이라고 변명하듯 말합니다. 상대에게 먼저 손을 내미는 것에 대해 비굴하고 억울하다는 패자의 기분에서 벗어나지 못한 채 불공정하고 비합리적이라며 분노하기도 합니다.

저는 이 책을 통해 사람과 사람, 관계 사이에 존재하는 공간에 집중하는 것이 얼마나 중요한지 말해주고 싶었습니다. 그리고 공간의 자리에 '연민'이 들어올 수 있으면 좋겠다고 생각했습니다. 저는 연민의 정서가 지닌 힘을 믿습니다. 연민은 그저 다른 사람을 불쌍히 가엽게 여기는 마음만을 의미하지 않습니다. 연민은 한 번도 시간을 내어준 적이 없었던 상대에게 내 시간을 내어주는 것입니다. 미움과 원망, 분노의 대상이었던 그 사람이 직접 되어보는 것이고, 더러는 그 사람을 위해 기꺼이 울어줄 수 있는 것입니다. 틀어지고 멀어져서 불편한 관계의 자극과 반응 사이에 존재하는 공간을 채우는 것 중 으뜸은 연민이기 때문입니다. 다양한 관계 속에서 힘들어하는 사람들이 두려움 없이 솔직하게 자신의 감정과 욕구를 표현하고, 상대와 환경을 탓하기보다는 자신의 선택을 책임질 수 있다면 좋겠습니다. 이해와 수용이 어려운 나와 타인을 연민의 눈으로 바라볼 수 있다면 좋겠습니다. 이렇게 될 수만 있다면 우리는 생각했던 것보다 쉽게 뒤엉킨 관계의 끈을 풀 수도 있지 않을까요?

　이러한 제 바람을 담아 이 책은 당신이 나와 타인을 충분히 이해하고 수용하며, 관계 회복에 이르기 위한 '연민의 공감력'을 키우는 데 목표를 두고 있음을 밝힙니다. 연민의 공감 대상은 가족이나 친구, 연인, 직장 동료, 고객, 한 번도 마주친 적 없는 SNS 속 지인을 거쳐 최종적으로는 매일 만나지만 수용하지 못했던 내가 될 수 있을 것입니다. 숨고 도망치기보다는 건강하고 성숙한 방법으로 관계를 회복하고 싶은 사람들에게 위로와 선택의 지침이 되어줄 수 있는 책, 오래도록 사랑받는 책이 되기를 바랍니다.

손정연

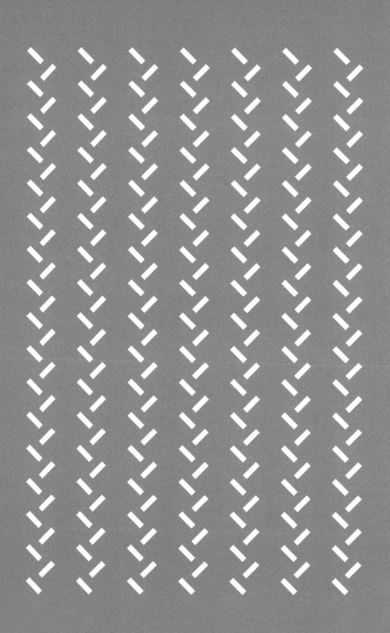

1장

관계의 안부를 묻다

당신에게 인간관계는 중요한 것입니까? 흔히 타인으로부터 소외된 고독한 삶은 고통스럽다고 합니다. 우리는 인간人間, '사람과 사람 사이'에서 살아가야 하는 존재이기 때문입니다. 하지만 때로는 그 관계 사이에서 버림받고 무시당하며 비난과 경멸을 쏟아내는 것으로 서로 상처를 주고받기도 합니다. 그리고 어느새 곪아버린 상처가 터지는 것이 무서운 나머지 스스로 타인으로부터 차단과 격리를 선택하며, 관계 사이로 들어가기를 거부해버리죠.

곪은 상처를 치유하려면 꼭 한 번은 상처 난 부위를 터뜨려야만 합니다. 그것은 무서운 것이 아니라 아픈 것입니다. 그러니 아플 때는 숨지 말고 상처를 드러내서 치료해야 합니다. 자신의 아픔을 인정하고 수용하는 것, 타인의 존재가 위로와 쉼이 되어줄 수 있음을 믿어보는 것입니다.

마음 옹벽이
와르르 무너지던 순간

"나는 아프면, 슬퍼하면 안 되는 거야? 그래?"

소리 내어 울어본 적이 언제였는지 기억나지 않는다. 내가 지금 아프다고, 나를 좀 위로해달라고 말했던 적이 언제였는지 기억나지 않는다. 나는 언제부터인가 소리 내어 울지 않았고, 힘들다고 솔직하게 말하지 못했다. 그것이 세련된 사람의 세련된 감정 처리 방법이라고 믿었다. 나약한 사람으로 보이고 싶지 않았고, 누군가로 하여금 내가 부담스러운 존재가 되고 싶지 않았다. 그래서 나는 늘 강한 사람이어야만 했다. 서서히 감정이 마비되고 있다는 사실도 모른 채 말이다. 어느 날 귓가에 들려온 노래 한 곡이 내게 말해주었다.

"울어도 돼. 슬퍼해도 돼."

비로소 어린아이로 돌아갈 수 있었던 나는 그날 그렇게 엉엉 소리 내어 한참을 울었다. 그런데 생각해보니 나는 원래 잘 우는 사람이었다. 슬프거나 무섭거나 혼자 버티기 힘든 외로움이 밀려오면 곧잘 울었다. 도대체 언제부터 나는 눈물을 견디는 사람이 되었던 것일까? 아빠의 사고였을까? 아니면 아빠가 세상을 떠난 뒤부터였을까? 하고 싶었던 일들이 계속 실패로 돌아가면서 마음에 굳은살이 박이면서부터였을까? 그것도 아니라면 나를 많이 사랑해주던 남자 친구의 건강에 문제가 생기면서 자의 반 타의 반 혼자만 살겠다며 독하게 이별했던 날부터였을까? 글쎄. 아무리 생각해봐도 딱히 정확한 때가 떠오르지 않는다. 몇 년 몇 월 며칠부터였는지 도무지 알 수가 없다. 그러니 어느 날 갑자기 충격적인 사건을 겪으면서 눈물이 메마른 것은 아니라는 말이다. 감히 세어볼 엄두도 나지 않는 계절만큼 피고 진 상처의 흔적들인가 보다.

대학 시절 학비를 벌어보겠다며 쉬지 않고 아르바이트를 해대던 내가 힘들어 보였는지 친구가 조심히 물어왔다.

"정연아, 힘들지 않아?"

"이게 뭐가 힘들어? 이 정도 고생은 누구나 한 번쯤 다 하는 거 아니야?"

나를 걱정하던 친구가 얼마나 무색했을까? 그때 나는 미처 알지 못했다. 지금은 연락조차 되지 않는 그 친구에게 이제는 말할 수 있다. "고마워. 그날 너의 그 말이 정말 듣기 좋았어. 혼자가 아니구나. 나의 고통과 힘듦을 자신의 것인 양 아파해주는 사람이 내게도 있구나."

〈나의 아저씨〉라는 드라마에는 불우한 가정환경, 병든 할머니와 범죄자란 이력에 도저히 정상적인 방법으로는 갚을 수 없는 빚까지 꼬일 대로 꼬인 인생을 사는 여자 이지안이 나온다. 그녀의 얼굴에는 아무런 표정도, 온기도 없다. 계약직으로 다니는 회사에서 남몰래 가방에 넣어오는 봉지 커피 두세 개를 한꺼번에 뜯어 타 마시며, 그야말로 죽지 못해 아등바등 살아간다. 자신의 삶 어디에서도 희망이라는 것을 품어본 적이 없다. 직장 동료, 이웃, 친구 그 누구도 관심을 가져주지 않는 그냥 주변인일 뿐이다.

그러던 어느 날 우연히 그녀의 삶을 알게 된 직장 상사가 무심히 던지는 한마디 "착하다. 너 착해"라는 말은 그녀의 삶을 바꿔놓는다. 그 순간 그녀가 들었던 말은 누구나 알고 있는 흔하디흔한 '착하다'가 아니었다. 그녀에게는 '어린 나이에 혼자서 애쓰며 살았구나. 그동안 얼마나 힘들었니? 그래도 잘 버텼구나. 대견하다. 애썼어. 끝까지 포기하지 않고 살아줘서 고맙다'였을 것이다.

세상에서 처음 들어보는 말. 처음 받는 위로. 가까스로 버티며 살아낸 삶의 노고를 마치 보상받기라도 하듯 그녀가 세상과 쌓은 옹벽을 무너뜨리는 말이 되었으리라. 내가 대학 시절 들었던 친구의 한마디 "정연아, 힘들지 않아?"처럼 말이다.

감정을 억누르며 살아온 사람들은 감정이 마비되어 타인의 감정을 믿지 못하게 되고, 위로를 받거나 의지하는 것 또한 점차 피하게 된다. 그러나 이제 나는 눈물을 쏟아낼 용기가 없어 억지로 눈물샘을 막고 무작정 견디는 것이 얼마나 슬픈지 안다. 인생의 힘듦을 솔직하게 이야기하며 우는 것이 아무런 흉이 되지 않는 것도 안다. 사람들은 내게 찾아와 자신의 아픔을 이야기하며 눈물을 흘린다. 비로소 나는 그들의 울음을 기꺼이 마주하며 기다려줄 수 있는 괜찮은 사람이 되어가고 있다.

당신은 누군가 당신을 위해 울어주는 눈물을 감사히 받을 수 있는 사람인가? 그리고 누군가를 위해 기꺼이 울어줄 수 있는 사람인가? 예전의 나처럼 상대가 보인 연민의 눈물에 허세를 부리며 거부하지 않기를 바란다. 그것은 기만이며, 기만은 계산에서 비롯된 어리석은 행동에 지나지 않는다. 그러니 눈물과 친절을 계산하는 어리숙함이 아닌 연민의 간절함을 담아 내면의 깊이를 볼 수 있기를 바란다.

아무 말 없이 가만히
지켜봐 주었으면

────── K는 본인 입으로 감정 기복이 매우 큰 사람이라고 말한다. 스트레스를 받으면 에너지가 많이 다운되어 말수도 줄고 식사를 거르는 등 무기력한 상태를 유지한다. 시종일관 화가 난 사람처럼 미간을 찌푸리고 있어서 동료나 후배 직원들은 K의 눈치를 살피기에 바쁘다. 급기야 부서 전체 분위기는 긴장 속 전운이 감돈다. K라고 해서 자신이 만들어내는 어두운 기운을 모르지 않는다. 스스로도 예민해진 감정을 쉽게 누그러뜨리지 못해 그저 답답할 뿐이다. 눈치를 보던 동료 중 몇몇은 용기 내서 K에게 말을 걸어오기도 한다.

"무슨 일 있어요?"

"뭐라도 먹고 오면 기분이 나아질 수 있으니 같이 식사할래요?"

"왜 이렇게 기분이 안 좋은 거야?"

"일이 많아서 그래?"

"무슨 일인지 모르겠지만 힘내세요."

관심을 보이는 동료들의 마음과는 다르게 K는 아무런 대꾸도 하고 싶지 않다. 그게 K만의 대처 방법이다. 그렇게 모두가 한마디씩 거드는 가운데 오로지 한 사람만은 아무 말도 하지 않은 채 묵묵히 이 상황을 지켜보고 있다. 바로 K가 근무하는 부서의 파트장님이다. 이런 일이 한 번씩 일어날 때면 파트장님은 K를 부르지도, 그렇다고 무슨 일인지 다그쳐 묻지도 않는다. 그저 침묵하며 K를 관망할 뿐이다.

K는 그 침묵이 고맙기만 하다. 그러다 K의 행동에 미세한 변화가 감지되면 파트장님은 그때를 놓치지 않고 퇴근하는 K에게 슬쩍 다가와 같이 가는 방향까지만 걸어가자며 아무렇지 않게 "이제 기분은 좀 나아졌어요?"라고 물어온다. 그리고 K에게 이렇게 말한다.

"K씨는 감정에 예민한 사람인 것은 맞아요. 그런데 나는 그게 이상한 게 아니라고 생각해요. 사람이라면 누구나 가지고 있는 개성 같은 거라고 봐요."

너무 예민하게 굴어서 부서 분위기가 삭막해졌다고 주의하라는 말을 들을 줄 알았던 K는 파트장님이 보여준 의외의 반응에 놀라지 않을 수 없었다. 그럴 수밖에 없는 것이 평소 파트장님의 업무 스타일은 불도저 같다. 사실 K는 파트장님과 여러 부분에서 부딪히는 직원 중 한 명이다. 늘 업무 성과를 최우선으로 여기며 밀어붙이는 파트장님과 천천히 꼼꼼하게 체크하며 일하는 K는 달라도 너무 다른 성향의 사람인 것이다. 그러다 보니 업무 지시를 받거나 중간보고를 할 때면 K는 늘 긴장했다. 파트장님이 K와 다른 의견을 제시하며 결재를 보류하기라도 하는 날은 그야말로 K의 마음은 꼬깃꼬깃 접히고 접혀 금방이라도 찢어질 것처럼 낡아빠진 종잇조각이 되고 말았다. 그런 파트장님의 침묵이었기에 K가 느끼는 고마움은 클 수밖에 없었다. 왠지 K를 지켜보고 있다는 무언의 관심 같았고, 믿고 있다는 신뢰의 메시지처럼 느껴졌다.

때때로 사람들은 어디에선가 들어봄 직한 말로 어쭙잖게 타인을 위로하려 든다. 식상하게 전달되는 유창한 말은 오히려 마음을 지치게 하거나, 외롭게 만들 수 있는데 말이다. 그런 면에서 볼 때 침묵이야말로 상대를 향한 가장 호의적인 연민의 표현이다.

오래전 읽었던 만화 《광수생각》에 이런 이야기가 나온다. 초등학교 시절 학급 전체가 책상 위로 올라가 눈을 감은 채 무릎을 꿇고 벌을 받고 있는데, 너무 긴장한 나머지 소변이 나와버렸다.

눈을 뜨는 순간 친구들에게 놀림거리가 될 것이 뻔했기에 안절부절못하던 그때 갑자기 선생님이 물을 끼얹으시며 "이 녀석 누가 벌을 받다 졸아!"라고 호통을 쳐주셔서 무사히 넘길 수 있었다고 한다. 만약 선생님이 아무것도 눈치채지 못하고 그 상태로 눈을 뜨게 했다면 친구들에게 두고두고 놀림을 받았을 것이다. 또는 "이 녀석 몇 살인데 소변도 못 가려!"라며 면박을 주셨다면 자존감에 큰 상처를 입었을 것이다. 결국 스스로에 대한 낮은 가치감을 갖거나, 타인을 향한 원망과 미움이 대인관계에 부정적 신념을 만드는 계기가 되었을지도 모른다. 누군가의 마음을 살리는 것은 바로 이런 것이리라.

그날 K가 경험한 침묵은 만화 속 선생님이 보여준 배려와 같다. K는 자신이 온전히 이해받는다는 느낌을 경험했을 것이다. 어쩌면 우리는 수많은 만남과 관계 속에서 이런 사람을 기다리는지도 모르겠다. 아무 말 하지 않고 내 이야기를 묵묵히 들으며 그저 고개를 끄덕이는 것으로 마음을 알아주고, 지는 해를 언제까지고 함께 바라봐줄 수 있는 사람. 바로 인생의 선물 같은 사람 말이다.

나 혼자 결정한
우리 사이의 '관계 거리'

연말인데도 단 한 건의 송년 모임이 없다. 낯설지 않다. 뭐 매년 그랬던 것 같다. 그런데 올해는 유독 마음이 허하게 느껴진다. '나이 들어서 그런가?'라고 생각했다가 고개를 저으며 연말은 가족과 보내는 거라고 체념하듯 마음을 내려놓아 보려 하지만, 여전히 마음 한편이 쓸쓸하다. 어느 날 친구와 통화를 하며 이런 내 심정을 이야기했다.

"나 왕따인가 봐. 아무도 송년회 오라는 말을 안 해."

"에이, 너는 왕따 아니고 은따(은근히 따돌린다의 준말)지."

나는 반박할 수 없어 한참을 웃었다. 그리고 이 말에 아무런 서운함도 느끼지 않았다. 친구는 깔깔거리며 호탕하게 웃더니 내게 극약 처방을 하나 해주기까지 했다.

"야, SNS를 보지 마. 모임 나가는 거, 사람들 많이 모여서 시끄러운 거 싫어하면서 송년회를 그리워하다니… 모순이야."

그러고 보니 보통 때 같으면 강의하느라 송년회가 있어도 갈수 없는 상황이거나, 많은 사람이 모이는 것 자체를 좋아하지 않아 거절했을 것이다. 올해는 글을 쓰기 위해 12월 한 달 강의를 주 1회로 줄이고 일정을 일부러 비웠다. 그래놓고선 SNS로 다른 사람들의 연말을 엿보며 모임이 없다면서 괴로워한 것이다.

만약 친구에게 이 말을 듣지 못했더라면 나는 어떻게 되었을까? 아마 며칠을 우울한 감정에 빠져 이 사람 저 사람 차례대로 내 머릿속 심리 법정에 세우지 않았을까 상상해본다. 상대는 전혀 알아차리지 못하는데도 나만의 관계 거리를 결정하기 위한 형을 집행해버렸을 것이다. 'A는 좀 더 지켜봐야 하니 집행 유예. B는 배신감이 너무 크니 다시는 보지 말자, 무기 징역. C는 다시 나에게 호의적이니 사면' 이런 식으로 말이다. 얼마나 교만하고 오만한 생각인가. 나와 어떤 사람과의 관계가 시작되었다는 것은 그 관계의 크기와 깊이를 떠나 분명 두 사람 사이에 무언가 상호작용이 일어났음을 의미한다. 그런데 관계를 멈추는 것은 일방적으로 내 쪽에서 결정하다니, 정말이지 최악이다. 그 결과 내가 받은 형벌은 '고독형'이라는 가장 끔찍한 형벌이 아니었을까 헤아려본다.

한참을 그렇게 이야기하다가 친구가 불쑥 말을 내뱉었다.

"너한테 이런 현실적인 말을 해주는 사람이 나 말고 또 있어?"

"그래, 고맙다."

저런 말도 안 되는 상황으로부터 나를 구제한 것에 고마워할 수밖에 없었다.

다행히도 내게는 이 친구 말고도 소위 바른말 하는 친구가 몇 명 더 있다. 새로 산 옷을 입은 모습을 보고 다들 예쁘다며 칭찬만 건넬 때 "야! 너 그 옷 입지 마! 뚱뚱해 보여." 선후배 강사들이 모여 있는 곳에서 깔깔거리며 조금 지나치게 웃을 때 "사람들 많은 곳에서 그렇게 아무 생각 없이 넋 놓고 웃으면 조금 모자라 보이는 거 알지?" 지나친 통제라고 느껴지는가? 나는 친구의 사실적인 피드백이 고맙기만 하다. 친구가 서슴없이 내게 이런 말을 할 수 있다는 것은 우리 두 사람 사이의 신뢰가 그만큼 견고하다는 뜻이다. 내가 어느 때 빛나는 사람인지 누구보다 잘 알고 있다는 뜻이다. 더불어 내가 좀 더 잘되기를 진심으로 바라는 기대와 소망이 담겨 있다는 뜻이다.

그뿐만 아니다. 나는 이런 친구들 덕분에 관계에 욕심내지 않는 사람이 될 수 있었다. 친구들은 내가 삶을 충분히 향유하지 못하고 그저 추구하는 식으로 이탈하려 할 때마다 매번 나를 다시

금 궤도 위로 올려 향유할 수 있도록 돕는다. 그래서 나는 생각했다. 꼭 따뜻한 말로 위로하고 칭찬과 인정을 주고받는 것만이 고마운 것은 아니라고. 내가 관계 속에서 소외당하지 않고 소중한 사람으로 자리하고 있음을 확인받는 순간은 조금 냉정하게 들리는 말일지라도 망설이지 않고 건네오는 사람이 가까이 존재하고 있을 때라고 말이다.

들키고 싶지 않은
고독과 소외감

　나이가 일흔이 되었는데도 다른 사람들의 시선을 의식하며 신경 쓰는 엄마를 볼 때면 안쓰럽다. 다들 그렇겠지만 엄마는 유독 사람들로부터 무시당하는 것에 예민하다. 사실 심리상담을 공부하기 전까지 나는 엄마가 가지고 있는 내면의 상처에 대해 진지하게 생각해본 적이 없다. 가끔 가족끼리 어떤 주제를 놓고 한창 이야기를 주고받는데 엄마가 불쑥 "그게 뭐냐?"라고 물어올 때가 있다. 간단한 것은 바로 설명을 해주지만, 다소 복잡하고 난해한 것은 귀찮아하며 "엄마는 말해줘도 몰라" 하고 잘라 말해버리는 참 불친절한 딸이다. 엄마가 얼마나 속상했을지 지금은 너무나 잘 안다. 이제는 되도록 설명해주려 애쓴다. 물론 그렇다고 교육이나 상담할 때처럼 매번 친절할 수 없는 것을 보니 관계에서도 습관은 제일 어려운 강적임이 분명하다. 어쨌든 나는 타인과의 세상에서 엄마의 마음이 평화로워졌으면 한다.

언젠가 젊은 시절로 돌아갈 수 있는 기회가 온다면 엄마는 그때로 돌아가겠냐고 물어본 적이 있다. 엄마는 잠시의 망설임도 없이 대답했다. "미쳤니? 그 지긋지긋한 고생을 또 하라고? 100억 아니 1000억을 준대도 나는 안 가. 지금이 자유롭고 좋아." 엄마에게 젊은 시절은 한 치 앞도 가늠할 수 없는 짙은 안개였을 것이다. 정확히 말해 아빠의 사고 이후 엄마의 삶은 빠져나가기 위해 발버둥 치면 칠수록 더 깊숙이 빠져 들어가는 늪이었을 것이다.

아빠는 지역에서 사람 좋기로 소문난 분이었다. 넉넉한 형편의 부자는 아니었지만 온유한 성품을 지녔고, 늘 새로운 것을 배우기를 좋아하셨다. 칼을 든 강도를 맨손으로 제압할 정도의 유도 실력자이기도 했고, 여러 공공기관에 작품이 전시될 만큼의 수준급 실력을 자랑하는 서예라는 고상한 취미를 즐기셨다. 동네 사람들은 그런 아빠에게 자녀 교육부터 법적인 다툼까지 크고 작은 문제들을 의논하고 싶어 했다. 그리고 아빠는 최선을 다해 사람들을 도우려 애썼다. 그 덕분에 아빠는 늘 사람들에게 둘러싸여 있었다.

안타깝게도 교통사고 후 지능을 거의 잃게 된 아빠를 향해 사람들은 바보가 되었다고 너무 쉽게 말을 옮겼고, 인근 지역까지 소문은 금세 퍼졌다. 한참 동안의 병원 생활을 마치고 아빠를 모시고 집으로 돌아왔을 때 가장 눈에 띄는 변화는 우리 집에 찾아오는 사람이 없어졌다는 것과 종류별로 들어오던 신문이 끊겼다는 것이다. 엄마가 다른 사람들의 눈치를 지나치게 살피거나 잘 믿지 못하는 강한 신념이 생긴 것이 아마 그때부터가 아니었을까 짐작한다. 엄마는 귀에 딱지가 앉도록 일렀다. "사람들에게 잘해줘봤자 다 소용없다. 지들이 필요할 때나 찾아와서 아쉬운 소리들 하지. 별 도움 안 될 거 같으니 입 딱 씻는 거 봐라. 사람은 절대 믿으면 안 돼." 나는 엄마의 마음을 십분 이해하고 공감한다. 나 또한 엄마 못지않게 그 당시 사람들이 미웠다. 사람을 깊게 신뢰하지 못하고 의심이 많은 엄마. 우리 삼 남매는 농담하듯 말한다. "다행이야. 엄마는 보이스피싱에 당할 일은 없을 거야." 웃기면서 슬픈 그야말로 웃픈 이야기다.

사람들로부터 소외된다는 것은 외로운 일이다. 엄마는 우리 집이 부자였더라면 사람들이 그렇게 한꺼번에 등을 돌리지는 않았을 것이라고 말한다. 그래서일까. 엄마는 가난을 증오했다. 나는 천천히 가난에 대해 생각해본다. 엄마는 돈이 없는 가난을 탓했지만, 사실 엄마가 사람들로부터 느낀 가난은 물질적 가난이 아닌 정신적 가난이었던 것 같다. 온전히 공감받거나 수용되지 못할 수도 있다는 관계 맺기의 두려움, 충분히 사랑받지 못하거나 사랑받을 자격이 없다고 생각해버리는 서글픈 사랑의 결핍, 나만의 생각 안에서 철저히 고립되어 서로를 존중하지 못하는 소통의 부재가 만들어내는 고독과 소외감 같은 정신적 가난 말이다. 어쩌면 우리 모두는 자신이 누리는 풍요로운 삶을 자랑이라도 하듯 누군가에게 보여주며 살아가고 있지만, 현실은 정신적 가난 속에 살아가고 있는지도 모르겠다.

과거 사람들에게서 받았던 무시와 천대가 없었던 일이 될 수는 없다. 분노나 슬픔, 수치심과 같은 정서적 고통 또한 여전히 현재 일어나고 있는 일처럼 생생하게 기억되어 반응할지도 모른다. 그런데 그거 아는가? 이렇게 고통스럽고 아프다는 것은 실은 도저히 견딜 수 없을 만큼 압도적인 상실의 감정들로부터 자신을 보호하기 위한 처절한 몸부림에 지나지 않는다. 버텨야 하기에, 견뎌야 하기에 괜찮은 것처럼 위장하느라 감정이 마비된 탓에 진짜 자신으로부터 멀어질 수밖에 없었던 것이다. 그렇게 관계의 불신 속에서 점차 타인이 건네는 위로와 지지도 일단 의심하고 보는 삶을 살았던 것이다. 그것은 고통이다. 상처받는 것이 두려운 것이며, 사랑받고 보호받고 싶은 정서인 것이다. 우리 중 누구도 고통을 즐기는 사람은 없다.

완벽하지 않아서
외롭지 않다

　사무실 꽃병에 노란 장미꽃 한 다발을 사서 꽂아놓고 바라보다가 갑자기 그 꽃말이 궁금해졌다. '완벽한 성취, 질투, 이별'이라고 검색된다. '완벽한 성취라고? 그게 가능한가?' 나는 완벽이라는 단어를 그리 좋아하지 않는다. 세상에 완벽은 존재할 수 없다는 것이 내 생각이다. 필라멘트를 발명하기 위해 9,999번의 실패를 견딘 에디슨의 전구, 가장 교과서적인 원근법을 자랑하는 레오나르도 다 빈치의 〈최후의 만찬〉은 완벽하다고 말할 수 있는가? 필라멘트는 열에 약해 쉽게 끊어졌고, 템페라 기법으로 4년에 걸쳐 그려진 〈최후의 만찬〉은 너무 빠른 속도로 부식되고 있다. 무기체에도 적용하기 애매한 완벽, 하물며 살아 숨 쉬는 사람에게 적용할 수 있을까? 완벽이라는 기준은 누가 무엇으로 정해 놓은 것이란 말인가? 그 정의부터 불안전이라고 설명할 수밖에 없다. 그럼에도 불구하고 나는 한때 완벽을 선망했다. 더 정확히 말하면 완벽해 보이는 사람들을 선망했다. 나를 제외한 모든 사람은 완벽해 보였다. 외모, 학벌, 재능, 경제력 모든 면에서 나는 그들을 따라잡을 수 없었다. 뭘 해도 한발 늦거나 부족한 것들뿐이었다. 부러우면 지는 거라는데 정말 그랬다.

쇼핑호스트가 되고 싶어 잘 다니던 직장까지 그만둔 적이 있다. 하고 싶은 것을 하고 살자며 호기롭게 방송 아카데미를 등록했다. 아카데미 원장님과 코칭해주던 선생님들 모두 나를 향해 정말 맛깔스럽게 말을 잘한다며 칭찬을 아끼지 않았다. 이는 몇 차례 공채 시험에 떨어졌을 때도 계속 희망의 끈을 놓지 않게 하는 나만의 근거 아닌 근거가 되어주었다. 그야말로 희망고문이었던 것이다.

하루는 실제 홈쇼핑의 PD분들을 모시고 아카데미에서 공개 시연을 할 기회가 찾아왔다. 심사위원으로 왔던 PD분들 또한 "와, 현직 쇼핑호스트보다 훨씬 생동감 있게 상품 설명을 하시네요. 좋습니다"라고 피드백을 해주었다. 그런데 나는 매번 시험에서 탈락했다. 그러자 합격자 명단에 오른 사람들과 나를 비교하기 시작했다. 약이 오를 대로 오른 나는 채용 과정이 공정하지도 공평하지도 못하다며, 날 선 비판을 하기도 했다. 그들이 부러워서 화가 나 미칠 지경이었다.

　그때 내게 다가온 사람이 있었다. 현재까지도 건승하며 쇼핑호스트계의 살아 있는 전설로 통하는 장○○ 쇼핑호스트. 내겐 선생님이다. 장 선생님은 진지하면서도 단호하게 말했다. "정연아, 네 상품 설명력은 최고야. 고칠 게 없어. 그런데 아마 이대로는 힘들 거야. (얼굴을) 고치지 않는 한…." 솔직한 조언이었다고 지금도 생각한다. 쇼핑호스트 선발 기준에 외모가 큰 비중을 차지하는 것은 반박할 수 없는 사실이다. 장 선생님의 말에 나는 당황스러웠고 서운했다. 그렇다고 그 말이 상처가 되지는 않았다. 본인 또한 씁쓸한 마음을 힘겹게 전달하고 있다는 것이 충분히 느껴졌기 때문이다.

　잠시 충격받은 것은 사실이지만 퇴사 후 5개월이라는 시간을 성과 없이 보냈던지라 여유롭게 감성팔이나 하고 있을 수만은 없었다. 나는 결정을 해야만 했다. 나름 외모에 열등감 없이 살아왔는데 카메라용 마스크는 아니었나 보다. 그렇게 생각하고 나니 우습게도 합격자들을 향해 못마땅해하며 신경질적으로 예민해져 있던 감각 세포들이 점점 진정되는 듯했다. 나는 사실 그대로를 수용하기로 했다. '카메라가 좋아하는 입체적 윤곽의 얼굴이 아니라는 것뿐이지 내 외모가 결코 못난 것은 아니야. 실력이 없는 것은 더더욱 아니니 자존심 상해하지 않아도 돼. 완벽할 수는 없으니까.' 나를 향해 베풀 수 있는 모든 자비를 다 가져다 붙였다.

만약 장 선생님이 해준 말의 속뜻을 모르고 계속 도전했다면 어땠을까? 물론 그 당시 장 선생님의 나에 대한 평가가 틀렸을 수도 있다. 열 번 찍어 안 넘어가는 나무 없다는 심정으로 계속 도전하다가 합격의 영광을 누리는 날이 왔을 수도 있다. 그러나 나는 그때 내게 처해진 상황에서 최선의 선택을 했다고 여기며 후회하지 않는다. 그 이상을 버티며 지냈다면 글쎄다. 타인과 나를 끊임없이 비교하며 스스로를 무능하다고 평가했을 것이다. 그리고 마음은 점점 더 황폐해졌을 것이다.

부와 명예, 권력을 모두 거머쥔 대한민국 상위 0.1퍼센트가 모여 사는 곳을 그린 〈SKY 캐슬〉이라는 드라마가 있다. 자녀의 성공을 위해 부모가 품은 처절한 욕망을 적나라하게 보여줘서 시청자들에게 큰 반향을 불러일으켰다. 극 중에는 로스쿨 교수인 남편과 명문가 출신의 아내가 나온다. 그런데 이 부부가 추구하는 교육 방식은 첨예하게 다르다. 남편은 자녀의 성적만 올릴 수 있다면 수단과 방법을 가리지 않는다. 친구는 필요 없으며, 입시 지옥에는 오직 경쟁자만 있을 뿐이라고 자녀를 압박한다. 그런 남편이 마땅찮은 아내는 자신이 아닌 타인과의 경쟁은 사람을 외롭게 만든다면서 외롭지 않은 인생을 사는 것이 진짜 성공이라는 이야기를 한다. 보는 내 마음이 다 후련했다. 이들과 다른 세상에 살고 있는 내가 틀린 것도, 부족하거나 모자란 것도 아니라는 위로를 받는 기분이 들었다. 가끔씩 나는 완벽한 성취보다는 외롭지 않은 인생을 좇아 살고 있는 내가 제법 멋지다는 생각을 한다. 이러한 인생의 가치를 알 수 있도록 선택의 기회를 마련해 준 장 선생님께 정말 감사하다.

겉으로 드러나지 않은
미움의 상처

일본 유후인에 갔을 때 신기한 우산 하나를 사 왔다. 그냥 보면 일반 우산과 별반 다를 게 없는 평범한 우산이다. 그런데 비가 내려 우산 표면에 물이 묻으면 예쁜 꽃 그림이 나타나는 그야말로 신기한 우산이다. 어쩌면 관계 속에서 상처 입은 사람의 마음도 이 우산과 비슷하지 않을까. 겉으로 표현하지 않아도 사람은 누구나 어떤 대상에 대한 자신의 감정과 생각, 기대를 가지고 있다. 다만 빗물을 만나 정확한 형태가 나타나기 전까지 자신에게 그런 것들이 있는지 알아차리지 못하고 살아갈 뿐이다. 또는 감추고 싶은 마음에 감정과 생각, 기대가 드러나는 것을 애써 막아서는 경우도 있다. 알고 있지만 한 번도 생각해보지 않은 것이다.

―― 어떻게 해서든지 가족에게 돌아가고 싶은 H가 있다. 자신이 가족에게 돌아가고 싶어 한다는 사실을 너무 늦게 알아차린 것은 아닌지 걱정이다. H는 사사건건 자신의 모든 일상에 개입하려 드는 부모님이 답답하고 싫었다. 관심과 애정을 듬뿍 받는 것처럼 보이지만, 자신이 전혀 존중받지 못하고 있다는 생각을 지울 수 없다. 부모님이 살았던 시대와 H가 사는 시대는 분명 30년 이상 큰 차이가 나는데도 "아버지가 대학 다닐 때는", "어떻게든 되겠지 식으로는 성공할 수 없어", "직장에서 인정받으려면 아버지처럼"으로 시작되는 잔소리를 듣기 일쑤다. '내가 경험해봐서 아는데 이렇게 하는 편이 좋아'라는 말은 결국 H가 무엇을 하더라도 부모가 원하는 쪽으로 선택하기를 압박하는 것이다. 혈연으로 연결되어 있으므로 '네가 뭘 어쩌겠어?'라는 일차적 관계에서만 내세울 수 있는 부모의 특권을 누리려는 것처럼 보인다.

H는 짜증이 났다. 그리고 이 짜증을 부모님을 향한 자신의 감정이라고 간주했다. 하지만 어느 날 책상 서랍에서 무심코 발견한 쪽지는 H의 마음이 잊고 있었던 것이 무엇인지 일깨워주었다. 쪽지에는 이런 글이 적혀 있었다.

'바쁘다는 핑계로 늘 혼자 두는 날이 많았구나. 여전히 좋은 아들로 엄마 아빠 곁에 있어줘서 고맙다. 미안하고 사랑한다.'

H는 이 쪽지를 받았던 고등학교 시절이 불현듯 떠올랐다. 부모님

이 자신을 향해 이렇게 살라는 식의 조언을 하면 마음속으로 '당신들이나 잘하세요. 내가 필요할 때는 바빠서 관심도 없었던 사람늘이 이제 와 왜 부모 행세를 하려는 건지… 역겨워. 좋은 아들 타령하는 것도 지긋지긋해'라고 소리쳤다. 그러나 그 시절 H는 부모님을 미워하거나 싫어하는 것이 아니었다. 부모님을 필요로 했고 오히려 함께 있어 주기를 바랐다. 더 이상 혼자라는 기분을 느끼고 싶지 않았던 것이다.

H는 자신의 솔직한 감정과 만나야 하는 게 두렵다. 부모님의 상황도 모른 채 비난과 욕을 해대는 야박한 아들이었던 것 같아서 죄스럽기만 하다. 그저 부모님이 자신에게 상처를 준 것이라고 여기며 탓하는 편이 차라리 편했다. 그때의 감정을 만나 곱씹어보니 사실은 H 또한 부모님에게 비난과 원망으로 상처를 주고 있었던 것이다. 처음으로 H는 자신 못지않게 애쓰며 살아온 부모님이 애처롭고 안쓰럽다고 느꼈다.

사람들은 관계에서 입은 상처를 치유하기 위해서는 나에게 상처를 주었던 상대에게 진심 어린 사과를 받은 후 내가 상대를 일방적으로 용서하면 된다고 생각한다. 하지만 진정한 치유는 알게 모르게 내가 상대에게 준 상처를 알아차림으로써 스스로를 연민의 감정으로 용서하는 것이 우선되어야 한다. 마음속에 잔

여물처럼 흐릿하게 남아 있는 감정과 생각은 자칫 우리의 알아차림을 멈추게 만들 수 있다. 따라서 나에게 잊힌 감정을 만나기 위해서는 암묵적인 경험들을 언어 또는 비언어로 명시화하는 것이 매우 중요하다. 빗물이 떨어져야만 비로소 우산 속 그림이 보이는 것처럼 말이다.

내 편으로 만들어주는
감정, 연민

짙은 어둠 고요한 적막 속 나를 쫓는 무리들의 요란한 발소리가 심장을 두드려댄다. 절체절명의 순간 외길 끝에서 문 하나를 발견한다. 저 문이 열리면 살 수 있지만, 끝내 열리지 않는다면 운명은 발소리들의 손에 넘겨질 것이다. 이제 희망을 걸 수 있는 것은 오로지 저 문뿐이다. 정확히는 저 문의 반대편에 있을 사람이다. 문 하나를 사이에 두고 배팅을 시작한다. "도와주세요!"

아마 당신은 글을 읽으며 언젠가 봤던 영화 속 한 장면을 떠올렸을지도 모르겠다. 그러나 이것은 실화다. 체코 여행을 하던 중 '프라하 팁 투어(가이드와 투어한 후 만족한 만큼 팁을 지불하는 방식)'를 했는데, 수개월이 지난 지금도 그때의 감동이 남아 있다.

일행과 함께 투어 중 까를교 밑으로 내려와 프라하 성을 가는 길에 '존 레논 벽'을 들렀다. 그곳에서 봤던 형형색색 페인트로 낙서된 세계 각국의 글자들이 큼직한 플라타너스 잎사귀 틈으로 들어오던 햇빛에 반사되어 반짝이던 모습을 잊을 수 없다.

1968년의 체코는 우리에게 '프라하의 봄'으로 유명하다. 체코(당시 체코슬로바키아)의 자유민주화운동이 있었던 때다. 공포 정치로 혼란스러웠던 그 시대 체코의 젊은이들은 비틀스 노래를 통해 많은 위안을 받았다. 그리고 비틀스 멤버였던 존 레논이 사망하자 수도원의 한쪽 벽에 애도의 메시지를 적었다. 그 메시지는 세상을 향한 자유와 민주주의에 대한 열망 등으로 바뀌었고, 이를 못마땅하게 여겼던 정권의 탄압이 시작되었다. 어떻게든 자유에 대한 의지를 알리고 싶었던 사람들은 서슬 퍼런 눈을 피해 벽에 낙서하는 것을 멈추지 않았다. 두려움에 떨며 벽에 낙서하던 사람들은 쫓기는 마지막 순간 맞은편 프랑스 대사관의 문을 두드렸다고 한다. 그것은 도박과 같았다. 운 좋게 문이 열린다면 살 수 있지만, 문이 열리지 않는다면 그들에게 무슨 일이 일어날지 아무도 모른다. 그렇게 체코 역사의 한 페이지를 담고 있는 존 레논 벽.

짙은 어둠 고요한 적막 속 숨죽여 문의 반대편이 열리기만을 두 손 모아 기도하며 울부짖었을 사람들의 소리가 내게도 고스란히 느껴졌다. 동시에 나를 쫓아 불안에 떨게 하는 것도 사람이고, 문을 열어 그 공포로부터 보호해주는 것도 사람이라는 사실에 씁쓸했다가 안도하기도 했다. 사람과 환경 속에서 꽤 혼란스러웠던 듯하다. 그럼에도 불구하고 나는 반대편에서 문을 열어줄 사람에게 희망을 걸고 싶다. 그 사람이 품고 있을 연민에 배팅을 해보는 것이다.

고등학생이 된 조카는 사람 때문에 상처받은 적이 있다고 했다. 참고로 조카는 학교의 선도부다. 어느 날 아침 등교 지도를 서고 있는데 한 학생이 학생 신분에 맞지 않는 액세서리를 착용한 것을 발견했다. 엄연히 교칙에 어긋나는 것이라서 주의를 주었다. 그때 갑자기 해당 학생이 조카에게 욕을 하기 시작했다. 처음 당하는 일이라 당황한 조카는 자신도 모르게 눈물을 쏟고 말았다. 이 모습을 지켜보고 있던 선도부의 한 선배는 해당 학생에게 사과할 것을 요구했고, 이 일을 학생부 선생님에게도 알렸다. 또한 혹시라도 해코지를 당할까 봐 걱정하며 무서워하는 조카에게 다가와 "너는 네가 맡은 일을 잘한 거야. 그 학생이 잘못한 거니까 무서워할 필요 없어"라고 토닥이며 위로해주었다. 조카는 아직도 그 선배가 너무 고맙다고 했다. 사람에게 받은 상처가 사람을 통해 치유된 것이다. 이것이 사람과 사람 사이를 채우는 연민이라고 나는 생각한다.

　여전히 내 관계의 반대편에 서게 될 사람의 세계는 짐작하기 어려운 그야말로 미지의 세계다. 정현종 시인의 〈방문객〉이라는 시에서처럼 과거와 현재와 미래를 모두 가진 무한의 세계인 것이다. 그러니 그 사람이 내 손을 잡아줄지 뿌리칠지 만나기 전에는 모른다. 하지만 우리는 감히 기대해볼 수 있다. 그 사람의 세계 안에 나를 향한 공감의 조율이 가능한 연민이 존재할 것이라고 말이다. 우리는 관계에서 누리게 될 행복에 기꺼이 배팅할 수 있도록 용기를 내야 한다.

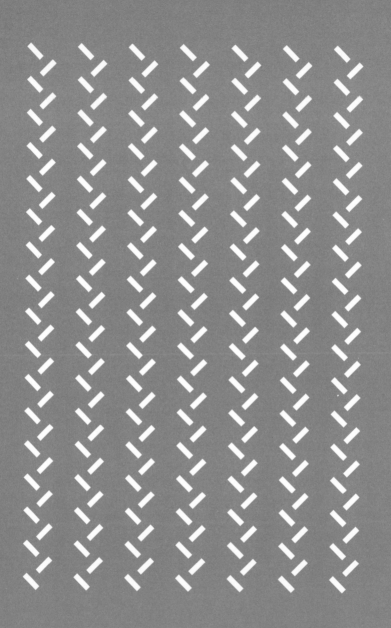

2장

서로를 이어주는 관계의 끈 묶기

나와 타인의 관계를 이어줄 끈이 준비되었나요? 당신이 가지고 있는 끈은 어떤 것입니까? 좋은 대인관계를 만들어주는 좋은 요인(끈)이라는 것이 있을까요?

관계의 주체가 되는 '나'와 '너'는 성장 과정에서 만들어진 여러 가지 심리적 특성을 가지고 있습니다. 과거 경험했던 인간관계에 대한 기억이 만들어낸 동기나 신념과 같은 주관적 요인은 그 사람이 추구하는 인간관계에 큰 영향을 미치죠. 개인이 현재 경험하는 인간관계 속에서 기대와 예측의 근거로 작동하며, 경험하는 것들의 의미를 해석하고 평가하는 지각과 사고의 기준이 되기도 합니다. 이것이 당신이 가지고 있는 관계의 끈입니다. 어떻게 버리시겠습니까? 바꾸시겠습니까?

관계의 취향을 돌아보는
나와 너에게

개인의 취향이 어때서?

—— "두드려보면 알아?"

J는 정말 두드려보면 아는 것일까? 도대체 '통통, 딱딱, 퍽퍽'의 소리가 귀로 구분된다는 것이 말이 되는가? 아내가 듣기에는 그 소리가 그 소리다. 의심 가득한 눈빛으로 쳐다보는 아내를 안심시키며 J는 수박 하나를 자신 있게 고르곤 씨익 웃어 보인다. 언제부터 J는 수박을 두드려서 나는 미세한 소리의 차이를 구분하는 절대 귀를 가졌던 것일까?

여름철 아침이나 저녁 식사 시간에 맞춰 어김없이 방송되는 맛있는 수박 고르는 법. 우리 모두는 착실한 시청자가 되어 그것을 기억하고 공유한다. 잘 익은 수박은 통통 소리가 나고, 배꼽의 크기가 작으며, 검은 줄이 끊김 없이 또렷하다. 겉에 흰 가루(백분)도 옅게 올라와 있다. 놀랍게도 이 지침대로 수박을 고르면 실패할 일이 없다.

"그럼 어떤 사람이 좋은 사람인지도 알아?"

"당연하지."

"그게 어떻게 가능해?"

"그게 다 경험의 차이지. 산전수전 공중전까지 겪어보니 어떤 사람이 좋은 사람인지 아닌지 단박에 알겠더라고."

J의 말대로라면 맛있는 수박을 고를 때처럼 좋은 사람을 분류하는 법, 소위 기준이라는 것이 있다는 뜻이다. J는 자신 있게 말한다. 겸손하지만 능력 있고, 주변 사람들과 나눌 줄 알며, 공감을 잘해주는 사람이 좋은 사람이라고. 그러나 그렇게 말하는 J의 낯빛은 그리 밝지 못하다.

"그런데 그거 알아? 이런 기준이 다 필요 없더라고. 나는 단맛의 수박보다 싱겁더라도 물이 많은 시원한 수박이 맛있어. 사람도 그래. 남들이 보기에는 어떨지 몰라도 그냥 나한테 잘하는 사람이면 그걸로 좋은 사람이 돼 있더라고."

과연 우리는 어떤 사람에게 좀 더 호감을 느낄까? 그리고 어떤

사람과 친해지는 것일까? 나와 비슷한 사람? 아니면 나와 다른 사람? 신기하게도 내 지인 중에는 비슷한 취향 덕분에 취미를 공유하는 시간을 자주 가지며 빠르게 친해진 사람이 있는가 하면, 내가 미처 생각해내지 못하는 부분을 채워주는 나와는 다른 면모 덕분에 친해진 사람도 있다. 관계에는 이상적 답이 없는 것이다. 어느 순간 누구나 선택할 것 같은 객관적 기준보다는 내 개인적 취향에 더 후한 점수를 주게 된다. 이것은 개인이 옳다고 여기는 지적인 이해나 믿음의 신념이며, 인간의 행동을 결정짓는 매우 중요한 심리적 요인이기도 하다. 어쩌면 지금 내 옆에 남아 있는 몇몇 사람들만이 남들과 다른 내 인생 과정에서 만들어진 오직 나만의 신념이 선택한 내 취향의 사람들일지도 모르겠다. 그러니 존중하자!

관계에 대한 의지도 선택이다

—— J는 누구보다 신념이 강한 남자다. 그것은 그의 자존심이기도 하다. 또한 J는 인간관계가 인생에서 그다지 중요하지 않다고 믿는 사람 중 한 명이다. 소위 관계에 대한 욕구나 기대가 없는 유형의 사람이다. 그는 주변 사람들과 관계를 맺는 것보다 유능한 능력을

갖추고 자신이 하는 일에서 뛰어난 성취를 이루는 것이 더 중요하다고 믿는다. 관계에 치중하기보다는 능력을 키우고 개인의 성취를 위해 많은 시간과 노력을 할애하는 것이 마땅하다고 생각한다. 그렇다 보니 능력 향상에 할애하는 시간보다 관계 형성에 시간을 더 많이 투자하는 사람들을 보면 극도로 혐오하거나 한심하다고 치부해버리기 일쑤다.

그런 J가 최근 직장 동료의 권유로 독서 모임에 참석하게 되었다. 좋은 책을 추천받고 의견과 정보를 공유하는 것이 자신의 성장에 도움이 되리라는 판단하에 스스로에게 합리적 이유를 내세워 설득했다. 관계에 대한 자신의 생각을 바꾸는 계기를 마련하고 싶은 마음도 아주 없지 않았다. 하지만 모임이 끝난 후 초대된 단체 톡방(그룹 메신저 대화)은 그를 짜증나게 만들었다. 자신이 가지고 있던 관계에 대한 생각만 확고히 굳혔을 뿐 아무런 이득을 얻지 못했다. 그 후로는 독서 모임에 다시 나가지 않았다.

이유는 이랬다. 당시 모임에서 만난 한 남자는 요즘 사회는 성공과 출세를 위해 다양한 부류의 사람들과 넓게 교류하는 것이 반드시 필요하다고 힘주어 말했다. 단체 톡방에서도 그 남자는 자신이 하는 사업과 관련한 광고를 끊임없이 올렸다. J는 그 남자를 관계를 이용해 자기 잇속을 챙기는 속물이라 여기는 동시에 혐오감을 느꼈다. 그런데 J가 더욱 놀랐던 점은 그를 제외한 다른 참석자들은 이 부분에 대해서 아무런 불편을 느끼지 않는다는 점이었다. 아니 오히려 격하게 호응해주며 반응했다. 그들은 개인 시간의 상당 부분을 모임에 참석한 사람들과 보내는 것 같았다. J는 속으로 생각했다. '이 사람들은 가정이 없나?' 어느 순간 그 남자보다 그에게 호응해주는 다른 참석자들이 더 못마땅하게 느껴졌다. 그들을 보고 있자니 자신이 마치 인간관계 부적응자처럼 비치는 것만 같아 견딜 수 없었다. J의 마음은 결국 심하게 꼬이기 시작했다. '사람을 돈으로 취급하는 저속한 사람들, 파렴치한 장사치들 같으니라고.'

많은 사람과 넓은 인간관계를 맺는 것보다 소수의 사람과 깊은 인간관계를 맺는 것이 이상적이라고 믿었던 J에게 모임의 참석자들은 실리만을 추구하며 피상적 인간관계를 유지하는 거짓된 사람들로밖에 보이지 않았다. 게다가 J는 삶의 마지막까지 함께해야 하는 소중한 존재는 가족 외에는 없다고 생각하는 사람이다. 친구, 직장 동료, 기타 외부 사람들을 중시하여 그들과 시간 날 때마다 함께 있는 것은 가족을 희생시키는 것이며, 분명 이점이 화근이 되어 훗날 불화가 생길 것이라고 믿었다. 살아가는데 사회에서의 인간관계가 그다지 중요하지도 진실하지도 않다고 믿는 J이기에 그가 추구하는 인간관계의 영역 또한 가족을 벗어나지 않았고 소수에 집중되었다. 그는 강력하게 밀착된 인간 관계보다는 서로를 구속하지 않고 경계를 지켜주는 편안한 관계를 이상적으로 받아들이고 있었다.

혹시 J가 인간관계에 대해 너무 편협한 신념을 가졌다고 생각하는가? 그렇다면 반대로 가족을 벗어나 친구, 직장 동료, 기타 외부 사람들까지 기왕이면 많은 사람과 관계를 맺고 생명도 함께 나눌 수 있다는 강력한 연대를 추구하는 쪽이라야 이상적 관계의 정답이라고 할 수 있을까?

어떤 관계에 대해 '이렇게 해보세요', '저것은 어떤가요?', '이것이 정답입니다' 식의 정의가 가능할까? 관계를 형성하고 적정한 거리를 유지하기 위해 애쓰는(신경 쓰는, 관심을 두는) 부분은 개인마다 분명 다르다. 그러니 객관적이고 보편적으로 지향하는 인간관계의 형태나 영역이 존재할 수 없다는 것이 내 생각이다. 최근 식당이나 카페에서 어렵지 않게 볼 수 있는 것 중 하나가 사람과 사람 사이의 만남을 대신해 설치된 무인 발권기, 주문 기계, 스마트 미러 등과 같은 언택트untact 기술을 접목한 서비스다. 관계에서 발생되는 상호작용을 최소화하는 것으로 관계 스트레스를 줄여주겠다는 의도를 가지고 있다. 내가 자주 사용하는 택시 앱도 이러한 언택트 서비스에 해당한다. 택시 기사에게 목적지를 이야기하지 않아도 되니 피곤해서 한 마디도 하기 싫은 날에 제격이다.

의도치 않게 너무 넓은 영역에서의 관계를 유지하며 살아가는 우리들. 혼자 사색의 시간을 갖기보다는 늘 누군가와 소통하고 공유하기를 강요당하며 살아가는 것은 아닐까? 미처 손에 닿지도 않을 먼 거리에 존재하는 사람들까지 신경 쓰고 배려하는 것에 지치고 힘들었던 적은 없는가? 그렇게 자신도 모르는 사이 관계 권태기에 빠진 사람들은 점점 더 말하는 것이 귀찮고 불편하다고 호소한다. 불필요하게 노출되는 개인의 사생활에 지쳐버린 탓에 내가 왜 얼굴 한 번 본 적 없는 사람의 저녁 식사 메뉴를 알아야 하고, 불면증을 위로하고, 주말 나들이를 부러워해야 하는가를 떠올리기도 한다. 이러한 경험에서 비춰보니 인간관계에 대한 J의 입장이 아주 이해되지 않는 것은 아니다.

어느 날 친밀한 관계가 아닌 사람으로부터 결혼을 알리는 문자 메시지를 받고 고민에 빠진 내게 친구가 해주었던 질문은 의외로 명료하게 행동을 결정해주었다.

"그 사람이 네가 아프면 문병을 올 사람이야?"

"네가 힘들다면 바로 만나서 위로해줄 수 있는 사람이야?"

"시시콜콜 다 말할 수 있는 사람이야?"

"그게 아니라면 그냥 축하 메시지만 보내줘."

더러는 심플하게 관계를 정리해야 할 때가 있다. 그러니 내가 옳다고 믿는 것이 타인에게도 옳은 것인가 생각해보자. 우리 모두는 조금씩 다른 J일 뿐이다. 우리 중 누구의 인간관계 방식도 정답이라고 할 수 없다. 어쩌면 이상적 인간관계의 답을 정해놓고 그것을 추구하기보다는 자신이 어떤 인간관을 가진 사람인지 알아차리는 게 더 우선이지 않을까?

내 창문은 어떤 모양일까?

J와 독서 모임에서 만났던 남자, 둘은 모두 자신만의 집을 지으며 살아왔다. 관계 속에서 경험한 수많은 감정은 집을 짓는 데 필요한 설계도면이 된다. 시간을 투자해 지은 집을 새롭게 리모델링하고 싶다면 먼저 어떤 방식으로 지은 집인지 설계도면을 참고해야 한다. 내가 인간관계 속에서 보여주는 관계 방식 또한 마찬가지다. 불편을 겪고 있다면 내가 가진 마음 도면을 펼쳐봐야 한다.

J는 무엇보다도 시간 약속을 중요하게 여긴다. 직장 생활을 하면서 단 한 번도 자신에게 주어진 업무 처리의 마감 시간을 어긴

적이 없다. 주변에서는 일 잘하는 사람으로 정평이 나 있다. J도 자신을 매우 스마트한 사람이라고 생각한다. 그러나 최근 상사로부터 일만 열심히 하지 말고 팀원들이 무엇을 힘들어하는지 살펴보라는 충고를 들었다. 조직 생활을 하면서 혹여 자신이 놓친 부분이 있는 것인지 걱정되는 마음에 난생처음 독서 모임에도 참석해봤지만, 역시 J와는 먼 나라 이야기였다. J는 조금 억울한 감정이 올라왔다. 직장에서 중간 리더인 J는 팀원들과 소통하기 위해 아침 조회 시간을 갖는다. 업무 외적인 이야기도 잘 들어주고 충분히 호응해주기 위해 나름 노력하고 있다. 그런데 안타깝게도 들려오는 피드백은 '사람이 너무 차가워'였다. 그런 소리는 J를 힘 빠지게 했고, 실패감을 느끼게 만들었다. 이것은 현실적 자기real self와 이상적 자기ideal self 사이의 괴리로부터 오는 부정적 감정이라고 할 수 있다.

　현실과 이상 사이에서 자신을 비교하던 J는 요즘 인간적인 리더라는 소리가 듣고 싶어졌다. 그러면서도 늘 고민되는 것은 주변 사람들의 기대다. 새로운 업무가 팀에 주어지면 상사나 팀원들 모두 J가 문제의 실마리를 풀어주기를 바란다. 이러한 기대는 가족들도 마찬가지다. 장남인 J에게 부모님은 많은 부분에서 의지하고 있다. 결혼해서 가정을 꾸리면 그 부담이 줄어들 것이라 예상했지만, 여전히 그는 부모를 살피는 데 상당한 에너지를 쓰고 있다. J는 주변 사람들의 기대가 점점 부담스럽기만 하다. 이 것은 현실적 자기와 의무적 자기ought self의 충돌로부터 시작된 불 안이자 부담감이기도 하다.

불안은 언제부터인가 자신에게 주어진 일을 완벽하게 해낼 수 없을 것이라는 생각을 불현듯 불러오곤 했다. 그럴 때면 J는 자신에게 많은 것을 기대하고 받으려고만 하는 직원들도 가족 들도 모두 원망스럽다. '도대체 내가 뭘 어디까지 해야 하는 거 야!' 급기야 스스로의 능력을 인정하는 가능한 자기possible self가 흔들리고 만다.

스스로 내린 답이 삶의 정답에 가깝다고 자신했던 J는 왜 불 안하고 불만족스러운 일상을 마주한 것일까? 사실 J의 아버지는 굉장히 엄격하고 무서우신 분이었다. 자녀들과 아내에게 화를 내거나 야단치는 일이 많았다. 몸집도 크고 목소리도 컸던 아버 지가 한 번씩 화를 내면 J는 물 풍선이 떨어져 터져버리는 것처 럼 심장이 덜컥 내려앉고 말았다. 그런 아버지의 기분 상태를 살 피느라 위축되기 일쑤였다. 그렇다고 아버지가 늘 화만 내고 가 족들을 힘들게 했던 것은 아니었다. 가끔 기분이 좋을 때면 퇴근 길에 J가 좋아하는 떡볶이며 김밥을 사 들고 집에 오셔서 J의 학 교 성적을 물어보고, 좋은 성적을 받아온 J를 향해 "역시 우리 장 남, 잘했다"라며 칭찬해주었다. 하지만 J에게는 화를 내고 권위

적이었던 아버지의 모습이 진짜라고 여겨졌기에 따뜻하고 자상한 아버지는 거짓일 뿐이었다. 그렇게 J는 아버지와의 사이에서 발생하는 감정을 애써 외면하거나 무시해버리는 데 익숙해졌다.

때때로 J는 직장이나 사회에서 만나는 다른 사람에게서 자신을 괴롭혔던 어린 시절의 아버지를 다시 경험하곤 한다. 그때마다 되도록 피하고 싶다는 마음이 간절하다. 과거 J가 경험했던 세상은 그로 하여금 세상과 단절하는 방향으로 자기개념을 갖게 했고, 이를 토대로 만들어진 대인신념을 통해 J는 타인의 말과 행동 그리고 마음을 자기에게 유리한 쪽으로 평가하고 분석하게 되었다. 이래도 J의 인간관을 그저 관계 지능이 떨어지는 사람의 편협한 시각이라고 치부할 수 있을까?

나는 창문(또는 문) 사진 찍기를 좋아한다. 창문을 통해 보는 세상이 흥미롭다. 동그랗기도, 각지기도, 중간에 창살이 툭 튀어나와 시야를 가리기도 하는 창문의 모양이 재미있다. 대상이 원래 가지고 있는 모습을 침범하듯 바꿔버리는 창문의 대범함에 화들짝 놀라기도 한다. 그러다 어느 순간 창문의 프레임에서 나와 맨눈으로 보는 세상은 담백한 국물처럼 눈의 피로감을 덜어준다. 물론 이러한 담백함은 내가 방금 보았던 것이 창문의 프레임을 빌려 본 세상임을 자각할 때만 느끼게 되는 특권이기도 하다. 모든 사람은 자신만의 방식으로 세상을 보는 창문을 가지고 있다. 그 창문은 마치 400년 전 조각된 인도의 유명한 아마나바드의 모스크처럼 정교한 예술품 같기만 하다. 그러나 창문이 지닌 본질은 예술품으로 보존할 때가 아니라, 밖을 향해 열어야지만 살아난다. 어느 때에는 그저 열어젖힐 힘을 내보는 것만으로도 충분해지는 것이다.

J의 이야기를 들으며 나는 영화 〈국제시장〉의 주인공 덕수의 마지막 대사가 떠올랐다. 아버지를 대신했던 자신의 삶에 대해 한 번도 고단하다 말하지 않고 버텼던 덕수는 벽에 걸린 아버지의 영정 사진을 보며 하소연하듯 생애 첫 고백을 한다. 아버지가 없으면 장남인 덕수가 그 역할을 해야 한다던 아버지의 가르침을 잘 지키며 살았지만, 진짜 너무 힘들었다고. 세상의 수많은 J, 아니 덕수들에게 아버지를 대신해 말해주고 싶다. "이만하면 충분해요. 수고했어요."

함께 건너는

관계 브리지

J가 모임에서 만난 사람들에게 가졌던 생각은 타인이 한 행동의 의미를 해석하고 평가하는 근거가 되는 '대인신념'에 의한 것입니다. 한 개인이 가진 대인신념은 과거 경험의 결과인 동시에 타인의 행동을 예측하는 근거가 됩니다. 그 경험 중 부정적 정서로 연결된 것은 인간관계에서 부정적 대인신념을 확인하고 강화시키기도 하죠. 또한 이렇게 형성된 부정적 인상이나 신념은 불필요하게 적대적 관계를 만들어버리기도 합니다. 그러니 한 개인이 가지고 있는 관계 패턴은 그 사람의 히스토리history인 것입니다. 한 사람의 역사와 같은, 세상을 향한 프레임을 그저 한 번쯤 지켜봐 주는 것은 어떨까요? 온전히 그 사람의 역사 속으로 들어가서 재경험해볼 수 있다면 우리는 함부로 그를 향해 "네가 틀렸어"라고 말할 수 없을 것입니다. 내 주변의 J들과 함께 살아가기 위해 그 사람이 가지고 있는 관계 방식에 대한 해석과 평가의 잣대를 들이대기 전에 이렇게 물어봐주면 어떨까요?

"그래서 당신은 지금 충분히 괜찮아졌나요?"

민감 지수가 남들보다
좀 높은 것일 뿐

내가 너무 예민한 거야?

나는 겁이 많은 편에 속한다. 어렸을 때 본 TV프로그램 중 억울하게 죽어 이승에 원한이 깊은 귀신들이 자주 출현하는 〈전설의 고향〉이 있었다. 십수 년이 지났는데도 불구하고 아직도 선명한 장면 하나는 "내 다리 내놓아!"라며 쫓아오는 장면이다. 지금 보면 너무나 어설픈 귀신 분장에 배꼽 잡고 웃을 테지만, 그 당시 〈전설의 고향〉은 심장이 몸 밖으로 튀어나올 것만 같은 극심한 공포감을 전달하는 최고의 스릴러였다. 〈전설의 고향〉을 본 날은 잠이 쉽게 들지 않아 꽤 고생했던 기억이 난다. 신기한 점은 나를 잠들지 못하게 했던 것이 그날 저녁 〈전설의 고향〉에서 봤던 귀신이 아니라는 점이다. TV 화면의 잔상처럼 남아 있던 귀신에 대한 공포심은 방 안을 가득 채우는 '째깍째깍' 시계 소리로 변해 있었다. 내 심장 소리보다 더 크게 들려오는 시곗바늘 움직이는 소리는 형체를 알 수 없는 괴물의 발소리 같기도 했고, 다리 없는 괴기한 생명체가 땅에 몸을 끌며 움직일 때 나는 소리 같기도 했다. 몸을 잔뜩 웅크린 채로 이불 속에서 꼼짝도 하지 못했던 나는 궁금했다. '언니나 오빠도 나처럼 저 시곗바늘 움직이는 소리가 천둥 번개 소리보다 크게 들릴까?' 그 시절 나는 매일 밤 시계 소리와 전쟁 아닌 전쟁을 치러야 했다.

―― "이번에는 네가 사야지."

3일째 이 소리가 귓가에 맴놀며 P를 괴롭히고 있다. 직장에서 인연을 맺은 지 5년이 된 사람들이다. 나이도 다르고 지금은 모두 이직해서 서로 다른 직장을 다니고 있지만, 여러 면에서 취향이 비슷해서인지 여전히 그 인연을 유지하고 있다. 자주는 아니더라도 기념일이나 특별한 일이 있을 때면 함께 만나 밥을 먹거나, 간단히 차 한 잔을 나누고 헤어지곤 한다.

그날은 얼마 후 있을 멤버 중 한 사람의 결혼을 미리 축하해주기 위해 다 같이 모이게 되었다. P는 당연히 결혼 당사자가 식사를 대접

할 줄 알았다. 그런데 갑자기 멤버 중 나이가 가장 많은(전 직장 선배) 언니가 P를 바라보며 "네가 우리 중에 제일 잘 버니 결혼 축하 기념으로 네가 사야지?"라고 말했다. P는 순간 너무 당황스러웠다. 내색하지 않고 최대한 자연스럽게 "당연히 제가 사야죠"라고 대답 했으나, 앉아 있는 내내 그리고 집으로 돌아와 다음 날이 되어서까 지도 마음속에 불편한 무언가가 찜찜하게 남았다. 도대체 그 감정 이 무엇인지 정확히 알 수 없어 답답하기만 했다. '그동안 내가 모임 에서 돈을 안 썼나? 언니는 나보다 그 친구를 더 좋아하는 걸까? 내 가 혹시 돈 좀 번다고 허세를 부리거나 실수한 적이 있었나? 아니 면 뭔가 밉보인 걸까?' 이런저런 생각이 꼬리에 꼬리를 물고 멈추 지 않았다. 불편한 감정 탓인지 P는 아침 내내 줄곧 큰 한숨을 쉬었 다. 옆자리 후배가 조심스럽게 "대리님, 무슨 일 있으세요?"라고 물 어왔다. 어쩔 수 없이 이번에도 P는 스스로에게 다그치듯이 속삭였 다. "그래, 내가 제일 잘 버는 게 맞잖아. 동생이 결혼도 한다는데 축 하할 겸 그깟 밥 한 끼 산 게 뭐 그리 큰 대수라고 이렇게까지 예민 하게 구는 거야. 꼭 이런 특별한 일이 아니어도 밥은 얼마든지 살 수 있다고."

P는 얼마 되지 않는 밥값이 아까워서 그런 불편한 감정을 느 낀 것은 아닌지 자신이 못났다는 생각마저 들었다. 이 부정적 감

정을 빠르게 무시해서라도 털어버리고 싶었다. 다른 사람들이 행한 무례함이나 지나친 간섭이라기보다는 그저 자신이 유난히 예민하다는 이유를 들어서 말이다. 그렇지만 괜찮아질 것이라 여겼던 그날 밤 한숨도 제대로 잘 수 없었다. P는 아침 일찍 친한 친구에게 전화를 걸어 물어봤다. "내가 너무 예민한 거야?"

예민하다는 것은 주로 부정적 정서 측면을 다룰 때 사용하는 말이다. 똑같은 상황에서 다른 사람들보다 스트레스를 더 많이 받으며, 일정 자극에 정서적으로 더 크게 반응하는 것을 뜻한다. P는 그저 예민하다는 이유를 들어 이 상황을 아무렇지 않게 넘기면 될까? 그렇게 해서 해결되는 감정일까?

감정의 뿌리

비가 내리던 가을 아침이었다. 바람이 불었다. 바람의 사이마다 비가 있었고, 그렇게 바람과 비가 머무른 나무숲은 까치들의 집이 되어주었다. 이어폰을 통해 들려오는 구노의 〈아베 마리아〉가 이리 크게 위로가 되었던 적은 없었다. 바람과 비, 나무숲 그리고 까치와 〈아베 마리아〉의 조화라니…. 그러나 가장 큰 우연은 낙엽이었다. 그 조화로움에 간간이 떨어지는 나뭇잎이 없었다면 매년 경험하고 어제도 경험했던 그저 그런 가을 아침에 지나지 않았을 것이다.

나는 순간의 찰나가 전체가 되어 이렇게 고상한 아침을 선물해주었다는 데 감사했다. 이 순간의 찰나를 지나치지 않고 모두 느껴준 내 정서적 민감성에도 찬사를 보냈다. 내 주변을 둘러싼 사람과 환경은 내가 원하든 원하지 않든 간에 멈추지 않고 나를 자극한다. 그리고 나는 그것에 반응하며 살아간다. 사람과의 관계 또한 자극과 반응의 작용이다. 그렇다면 비가 내리던 그날 아침의 자극을 통해 내가 느낀 감정은 인간관계에 어떻게 작용되는 것일까?

간혹 고객사로부터 예정에 없던 강의 자료를 급히 요청하는 전화를 받을 때가 있다. 이는 분명 유쾌한 상황은 아니다. 나는 조금 난감해하며 유감을 표하고, 최대한 일정에 맞춰서 자료를 보내주겠다고 대응한다. 만약 비가 내리던 그날 아침 동일한 상황이 발생했다면 아마 "뭐 일하다 보면 급하게 일정이 바뀌기도 하죠. 괜찮습니다"라고 말했을 것이다. 내 감정이 그렇게 행동을 유도했으리라고 믿는다. 그날 아침 매우 평화롭고 편안한 감정을 느꼈기 때문이다. 사실 우리가 말하는 인간관계는 엄밀히 따지면 나와 타인이 어떤 상황 속에서 경험하는 감정의 자극과 반응에 따라 표현되는 행동의 연속이다. 상대가 내게 보인 행동 전에 내가 느끼던 감정 상태는 이후 경험하게 되는 상황별 내 반응수준에 상당한 영향을 미칠 수 있다.

스스로를 예민하다고 표현하는 P가 전 직장 동료들과의 모임에서 느꼈던 첫 번째 감정은 예상치 못한 선배의 반응에 그저 당황스럽고 살짝 놀라는 정도였을 것이다. 그러나 모임 내내 그리고 모임이 끝난 후 집으로 돌아가서도 잠 못 이루게 한 감정은 서운함, 소외감, 슬픔, 실망으로 그 성질이 조금 바뀌었을 것이다. 우리가 느끼는 감정 또는 정서는 일반적으로 "네가 사야지"와 같은 외부적 자극에 의해 유발되지만 기억, 상상, 생각 등으로 만들어진 개인의 내부적 자극을 거쳐 결정된다.

P는 순간 멤버들 사이에서 자신의 위치, 만남에서 지불했던 비용, 친밀함 정도 등 많은 생각이 스쳤을 것이다. 결국 외부적 자극과 내부적 자극이 혼합되어 P에게 다양한 감정을 경험시킨 것이다. 그렇다면 P는 이토록 불편한 감정을 어째서 곧바로 행동으로 표현하지 않았던 것일까? 인간관계에 그다지 좋은 영향을 미치지 못할 것이라고 판단했기 때문이 아닐까? 결과적으로 P는 멤버들과 친밀함을 유지하는 데 성공했다.

우리가 느끼는 대부분의 감정은 인간관계 속에서 경험하게 되며, 주로 개인의 내부적 자극에 근거한 인지적 평가의 결과라고 할 수 있다. P에게는 과연 무엇이 평가의 대상이 되었던 것일까? 사람들은 P와 같은 상황에 놓이게 되면 불편한 감정을 느끼는 동시에 상대방과의 관계를 고려한다. 즉 상내방과 친밀감을 유지하고 싶은 목표, 오늘의 대처가 자신이 추구하는 목표에 도움되리라는 예측, 이후 자신이 느끼게 되는 심리적 안녕감과 자존감에 긍정적 영향을 미치리라는 평가가 "당연히 제가 사야죠"라는 행동을 결정지었던 것이다.

물론 P가 자신이 느낀 당황스러움을 오해 없도록 잘 표현할 수 있었다면 가장 좋은 대처가 되었을 것이다. 반면에 P의 관계 목표가 멤버들과의 거리 두기였다면 행동은 달라졌을지도 모른다. "제가요? 왜 그래야 하죠?", "에이, 결혼 당사자가 사야지 제가 왜 사요?", "선배님이 제일 어른이니까 선배님이 사셔야죠!" 식의 표현을 상상해볼 수 있다. 그러니 무심코 내뱉은 "당연히 제가 사야죠"라는 말은 사실 P의 삶에서 반복되고 학습된 방어적 정서였다고 할 수 있다.

타인과의 관계 속에서 경험하게 되는 대인감정은 그 사람의 행동을 촉진한다. P의 경우 예민한 정서 알아차림이 그녀로 하여금 관계 목표를 추구하는 행동을 준비하도록 도왔다. 혹시라도 P와 달리 감정에 둔감하다면 적대적 행동을 할 수 있다. 나 또한 그랬던 사람 중 한 명이다.

10년 전 일이다. 나는 임신과 출산으로 발생하는 경력 단절에 극심한 불안감을 느꼈다. 일 중심적 삶을 살며 감정을 살피는 데 누구보다 소홀했기에 스스로 느끼는 감정에 둔감하기만 했다. 내가 느끼는 감정을 미래에 대한 불안과 걱정이 아니라, 친구들의 배우자보다 어리고 직장 생활 기간이 짧았던 남편이 내 생활을 비참하게 만들고 있다면서 '나는 지금 몹시 화났어'라고 분노로 인식했다. 그렇게 잘못 인식된 감정이 촉진한 행동은 배우자에게 비난, 무시, 모욕, 비하, 경멸을 일삼으면서 공격적이며 폭력적으로 변했다. 급기야 인격을 손상시키는 말을 여과 없이 뱉어내게 만들었다. 그 당시 내 행동은 우리 부부가 추구해야 하는 관계 목표 달성을 방해하고 좌절시키기에 충분했다. 결국 파국을 맞이하기 직전까지 관계는 나빠졌고, 회복하는 데 몇 배의 노력이 필요했다.

나는 그 사건을 겪으면서 감정을 공부하게 되었고, 거짓된 감정이 촉진하는 행동이 관계에서 얼마나 중요한 역할을 하는지 절실하게 깨달았다. 더는 실수하지 않으려고 노력하게 되었으니 천만다행으로 여긴다. 상대방과의 상호작용 속에서 느끼는 감정을 정확히 알아차리지 못하면 10년 전 나처럼 공격적이며 적대적 행동으로 관계를 망쳐버릴 수도 있음을 명심하기를 바란다.

마음의 피신처를 찾아 행동할 뿐이다

아마 여기까지 읽은 후 P의 행동과 대처 방식이 못마땅한 분들도 있을 것이다. 당사자의 의사를 묻지도 않고 식사비를 내라고 요구한 것은 무례한 행동이며, 어떻게 보면 상하관계에서 만들어진 힘희롱(갑질)이기에 엄연히 선배의 잘못이 크다고 말하고 싶을 것이다. 나는 이러한 견해가 잘못되었거나 틀렸다고 결코 생각하지 않는다. 다만 P의 행동은 대인관계 속에서 보여줄 수 있는 다양한 행동 패턴 중 자신의 심리를 가장 안전하게 지킬 수 있는 방어적 정서를 내보인다는 점을 짚고 넘어가고 싶다. 실제로 P는 다음 날 아침까지 불편한 감정을 느끼며, 자신의 행동을 후회했다. 그 당시 상황은 문제없이 잘 넘겼지만, 자신의 감정은 충분히 보호하지 못했다고 할 수 있다. 그렇다면 P는 왜 스스로 납득할 수도 없으면서 식사비를 내기로 수긍해버린 것일까?

P는 그런 돌발 상황에서 갈등을 만들지 않고 편안해지는 것이 자신의 욕구라고 판단했을 것이다. 그러나 변화된 P의 감정을 토대로 유추해볼 때 P의 진짜 욕구는 '존중'일 가능성이 크다. 당연히 자신의 욕구에 정확하게 닿지 못한 탓에 타인에게 존중받도록 행동을 이끄는 데도 실패할 수밖에 없었던 것이다.

예민함은 어떤 상황을 빠르게 파악하는 데 분명 도움이 된다.

하지만 인간관계에서 결정되는 한 사람의 태도를 예민함만으로 해석하기에는 부족하다. 긴 시간 반복적으로 학습된 습관적 정서의 작용을 무시할 수 없기 때문이다. P 또한 예민한 데 반해 모임의 사람들과 만들어진 관계에서의 습관적 패턴이 갈등을 회피하는 쪽으로 행동을 이끌었다. 따라서 두 가지 측면에서 P의 태도를 해석해볼 필요가 있다.

우선 P는 즉각적으로 반응하기보다는 관계 속에서 경험한 특정한 감정을 마음에 담아두었다가 서서히 표출하는 편이다. 사건 속에서 상대와 적극적인 상호작용을 하기보다는 단순히 자신이 상대의 행동을 통해 느낀 감정에 반응하는 정도다. 사람들 대부분은 P처럼 유보적으로 감정에 반응할 때가 많다. 그러나 인간관계에서 보다 적극적이며 능동적인 사람들은 관계 속에서 상대에게 원하는 행동 반응을 상대가 자발적으로 보이게끔 대인행동을 취한다. 이를테면 주말에 데이트를 하기 위해 애인에게 전화를 걸거나, 친구에게 받고 싶은 생일 선물이 무엇인지를 먼저 물어보는 것이다. 만약 P가 자발적 대인행동이 익숙한 사람이었다면 예상치 못한 상대의 요구에 습관적으로 반응하는 대신 "좋아요. 오늘은 축하해주러 온 것이니까 제가 쏠게요. 혹시 신혼여행 다녀와서 우리 또 만나나요?"라고 물어봤을 것이다.

한 가지 더 P는 선배 언니와의 관계에서 지배적이기보다는 순종적이며, 적대적이기보다는 우호적인 행동 패턴을 유지함으로써 갈등이 발생하지 않도록 신경 쓰는 듯하다. 내가 P를 자신의 감정은 살피지 못한 데 반해 관계적 측면에서는 매우 유연한 태도를 보였다고 판단하는 이유도 여기에 있다.

　당신은 어느 쪽인가? 능동적으로 표현하는 쪽인가? 수동적으로 반응하는 쪽인가? 이러한 표현 규칙display rule은 문화에 따라 차이를 보인다. 잘 알려진 바와 같이 서양 문화권에서는 감정을 솔직하게 드러내는 반면에 동양 문화권에서는 되도록 감정 표현을 억제하는 경향이 크다. 특히 한국 사회는 유교 문화권의 영향으로 감정과 생각을 직접적으로 드러내기보다는 우회적으로 돌려 표현하거나, 경우에 따라서는 반대로 표현하는 소위 '내숭'을 피우는 것이 매너로 통한다. 그렇다 보니 상대의 언어·비언어적 행동에서 감정과 의도를 추측해 판단해야 하는 '눈치'가 발달하게 되고, 눈치가 발달하지 못하면 사회생활에 부적응자로 낙인 찍히기도 한다.

　과연 이렇게 다양한 대인행동 방식 중 어느 것 하나로 '맞다, 틀리다'를 규정지을 수 있을까? 어떤 사람은 관계 속에서 오해의 소지가 없도록 자신의 생각을 정확하고 즉각적으로 표현해주기를 바라는가 하면, 어떤 사람은 좀 더 신중하게 생각할 시간을 가진 후에 표현해주기를 바란다. 내가 터득한 방식 중 가장 효과적인 것은 '진솔함'이다. 진실되고 솔직한 표현은 상황과 사람의 다름까지도 극복하는 힘을 지녔다.

나는 현재 친정엄마와 함께 살고 있다. 친정엄마가 아이의 육아를 도와주고 계신다. 다소 불편할 수도 있는 장모님과 남편의 7년째 동거는 큰 문제없이 잘 유지되고 있다. 감사한 일이다. 사실 친정엄마는 지배적이며 통제지향적인 대인행동 패턴을 가지고 있다. 일반적으로 갈등을 경험할 소지가 크다. 그런데 남편은 친정엄마와는 반대로 순종적이며 우호적인 대인행동 패턴을 가지고 있다. 이렇게 다른 패턴 덕분에 두 사람 사이에 권력 싸움이 발생하지 않는 편이며, 비교적 큰 갈등 없이 관계가 유지되는 것이다. 모든 대인행동 패턴은 각각의 장단점이 있다. 그렇기에 사건의 당사자인 두 사람의 상호작용이 중요하다.

삶에서 지겹도록 인간관계에 관심을 보이고 강조하는 이유는 무엇인가? 바로 그 안에 행복과 불행이 담겨 있기 때문이다. 관계 속에서 경험하는 기쁨, 애정, 편안함과 같은 긍정적 감정은 관계를 유지하고 발전시킨다. 반면 불안, 분노, 우울과 같은 부정적 감정은 인간관계에 대한 불만과 고통을 야기하여 불행감을 느끼게 만든다. 그렇다면 대인관계에서 긍정적 경험을 많이 하는 사람들에게는 어떤 특징이 있을까?

전문가들은 대인관계에서 경험하는 정서적 반응으로 긍정적 행동 방식을 선택하는 사람은 그러지 못한 사람에 비해 삶 전반에 걸쳐 긍정적 감정을 느끼고자 노력하는 경향이 크다고 한다. 이들은 대인관계 속에서 일어나는 여러 가지 사건에서 긍정적 의미를 찾아내는 것으로부터 기쁨을 느끼며, 사소한 사건에서도 '행복감을 느끼는 능력'과 긍정적 자기 평가를 통한 자부심, 가치감을 가지고 있다. 아울러 불안, 죄책감, 슬픔, 분노와 같은 부정적 감정에 좀처럼 휘둘리지 않는데, 이는 타인에 대한 공감과 연민의 영역을 키워 이타적 행동을 촉진한다. 반대로 부정적 감정은 대인관계에서 공격적 행동을 촉진하여 개인의 가치감을 떨어뜨리는 결과를 불러온다. 결국 인간관계의 만족도가 삶의 만족도가 된다는 것이며, 내가 느끼고 있는 감정의 결과와 일치할 가능성이 크다는 이야기다. 그러니 최근 나를 지배하는 감정은 어떤 것인지 그냥 흘려보내지 말고 알아차려 보기를 바란다.

함께 건너는

관계 브리지

관계에서 부정적 대인행동을 촉진하는 감정으로 분노를 꼽을 수 있습니다. 사람들은 화가 나서 분노가 느껴지면 표현하고 싶어 하는 동시에 분노를 표현하는 것을 수치스럽게 여겨 억압하거나 회피합니다. 대체로 분노 표현의 양식은 화난 표정 짓기, 문 쾅 닫기, 욕설과 비난, 따돌림, 신체적 공격, 물건 집어 던지기, 물건 부수기 등의 직접적 형태로 나타나거나 말하지 않기, 관심을 주지 않기 등의 간접적 형태로 나타납니다. 이러한 분노 표현은 기능적 표현인 분노 조절(통제)과 역기능적 표현인 분노 표출, 분노 억제로 나눌 수 있습니다. 이때 분노 억제와 분노 표출 수준이 높을수록 공격성도 높아집니다. 공격적인 분노 표출은 대인관계에 갈등을 유발하지만, 적절한 분노 표현은 대인관계에서 발생하는 갈등을 해소하는 동기를 제공하고 자기 방어의 수단이 되기도 합니다. 적절한 분노 표현이란 어떠한 사건에서 자신이 느낀 감정과 충족되기를 원하는 욕구를 상대방에게 대화로 진실하게 전달하는 것입니다.

[추천] 비폭력 대화 4단계인 '관찰-느낌-욕구-부탁'으로 표현해보기를 권합니다. 만약 P와 같은 상황이라면 직접적으로 이렇게 전해보면 좋겠죠.

"언니 덕분에 결혼 전 식사 대접을 할 수 있어서 다행이에요. 고마워요. 그런데 사실 아까 너무 갑작스럽게 말씀하셔서 당황했어요. 제가 많이 번다고 혹시 멤버들에게 실수한 것은 아닌지 순간 걱정도 됐고요. 다음에 이런 일이 있을 때 미리 귀띔해주시면 조금 편하게 대답할 수 있을 것 같은데, 어떻게 생각하세요?"

물론 상대방은 낯선 태도에 당황할 것입니다. 하지만 때로는 분명한 태도가 상대방이 당연시 여겨 침범했던 무례함을 멈추게 하는 특효약이 될 수 있습니다.

그래야만 한다는
잘못된 신념

죄의식을 사랑이라 믿었던 딸에게

중학교 2학년 때 아빠가 심어주었딘 '맺고 끊음'에 대한 잣대는 지금까지도 내게 고민과 걱정의 시간을 줄여주는 고마운 기준으로 자리매김하고 있다. 아빠의 잣대는 나를 무슨 일을 하더라도 마음만 먹으면 똑소리 나게 잘 해내는 실력자로 만들어주기도 했고, 정 없는 냉정한 사람이라는 소리를 듣게도 했다. 그럼에도 불구하고 나는 아빠의 잣대가 마냥 좋았다. 왜 좋은지 의심이나 고민 없이 그냥 아빠가 맛있다고 하니 꿀꺽 삼켰던 음식들처럼 받아들였다. 적어도 이 일을 겪기 전까지는 그랬다.

개인적으로 공부 중인 인문학 수업에서 '나는 사랑을 주고받는 데 아무런 경계가 없는 사람인가?'라는 질문을 듣게 되었다. 평범하기만 한 질문에 나는 순간 멈칫했고, 아무런 답을 하지 못한 채 아빠가 심어준 잣대를 처음으로 씹고 또 씹어보게 되었다.

"정연아! 무엇을 하더라도 맺고 끊음이 확실해야 한다."

생각해보니 1995년부터 2008년까지 나는 주고받는 사랑 공식에 결코 자유롭지 못한 사람이었다. 사랑을 주는 쪽도, 그렇다고 편히 받는 쪽도 아니었다. 사랑은 그것을 완성시켜주는 무엇인가 합당한 이유와 조건이 있어야만 한다고 생각했다.

내가 스무 살이 되던 해의 일이다. 아빠는 1995년 3월 교통사고 후 세 번의 뇌수술을 받았다. 사고는 가정의 경제를 책임졌던 가장으로서의 역할은 물론 지능과 언어, 몸의 움직임에 이르는 기능 대부분을 아빠에게서 빼앗아버렸다. 그렇게 아빠는 10년을 줄곧 새장에 갇힌 새처럼 방을 벗어나지 못했고, 아무런 말도 남기지 못한 채 우리 곁을 떠났다. 아빠의 사고는 긴 시간을 두고 나와 가족에게 큰 상처가 되었다. 아빠를 떠나보내고 싶지 않았던 나는 세상의 모든 시계를 망치로 내리쳐서 부숴버리고 싶었던 것 같다. 그렇게라도 해서 아빠와의 시간을 붙들어놓을 수만 있다면 그렇게 하고 싶었다. 나는 그저 아빠와 떨어지기 싫어 화가 났던 것 같다. 서로의 시간 안에 멈춰 있는 것, 함께하는 것만

이 사랑이라고 믿었으니 말이다.

　스무 살, 나는 많은 것을 처음 경험하고 있었다. 하지만 길의 방향을 물어볼 수 있는 사람이 곁에 없었다. 그때마다 나는 과거 아빠의 목소리를 빌려 내게 물었다. 물론 그 목소리는 중학생 딸을 마주보고 앉아 무언가 대단한 결심이라도 하는 표정으로 힘주어 말을 건넸던 아빠의 목소리에서 더 이상 앞으로 나가지 못하고 멈춰 있었다.

　"정연아! 무엇을 하더라도 맺고 끊음이 확실해야 한다."

　아빠가 선택했던 과거의 명제는 어느새 현재를 사는 내 명제가 되어 일을 선택하거나 인간관계를 형성하고 유지하는 데 기준으로 작용했다. '완벽하게 해내지 못할 거라면 시작조차 하지 말자.', '뭐리도 성과를 내기 진까지는 질대 그만두면 안 된다.' 인간관계도 정확히 친한 사람과 친하지 않은(친해지고 싶지 않은) 사람, 두 종류로만 존재했다. 마치 운동화 끈을 묶는 방법 중 'X' 모양만 정답이라는 해석처럼 말이다. 그냥 편하게 서로의 안부를 묻는 정도로 지내다가 도움이 필요할 때 부탁할 수도 있는, 그저 아는 사람의 영역을 나는 허락하지 않았다. 덧붙여 그런 관계를 지향하는 것은 속물들이나 하는 행동이라는 편협한 생각도 했다. 왠지 그런 사람의 영역을 만드는 것은 무엇인가 찜찜함을 남기는 흐지부지한 삶의 태도인 것만 같아 불편하기까지 했다. 그러면서 좁지만 깊이 있는 인간관계를 추구하는 나를 마치 공정하고 성의로운 사람이라도 되는 양 자랑스러워했다. 한없이 동경했던 아빠를 떠나보내는 데 죄의식을 느꼈던 어린 딸의 애처롭기만 한 사랑 고백과도 같았다.

관계의 오답 노트를 쓰다

유독 버리기 망설이는 물건이 있다. 돌아가신 엄마가 물려준 옷이라거나, 한글을 처음 배운 날 아이가 삐뚤빼뚤 서툰 글씨로 써준 편지가 그러할 것이다. 그런가 하면 첫사랑과 함께 갔던 여행지에 대해 유독 깊은 추억을 가진다거나 처음 타본 놀이기구, 처음 마신 술, 처음 갔던 해외여행 등 처음 경험하는 것에 큰 감동과 경이로움을 부여하기도 한다. 타인에게는 별것 아닌 것도 자신에게는 특별한 의미로 다가오기 때문이다. 세상의 모든 것은 있는 그 자체로 의미를 지니기보다는 그것을 경험하는 내가 어떠한 의미를 부여함으로써 특별한 가치를 지니게 된다.

어린 시절 주말 아침마다 졸린 눈을 비벼가며 꼭 봤던 만화가 있다. 바로 〈빨강머리 앤〉이다. 앤이 초록 지붕 집으로 입양되어

가던 날 아저씨와 마차를 타고 하얀 꽃길을 지나가는 장면이 나온다. 아저씨는 그 길을 그저 사과나무 길로 기억하지만, 앤은 그 길에 기쁨의 하얀 길이라는 새로운 이름을 붙여준다. 앤처럼 인간은 자신이 경험하는 환경 속에서 매우 능동적으로 사건의 의미를 해석하고 반응하는 존재라고 한다. 그리고 이러한 의미 부여 기능은 대인관계에서 더욱 활발하게 일어난다. 그 사람은 왜 그런 말을 했을까? 어떤 의도로 그랬을까? 상대방의 말과 행동이 의미하는 바가 무엇인지 추측하고 자신의 방식대로 집착해서 해석하는 것이다. 이렇게 추론된 의미는 관계에서 많은 오해를 불러일으키며 갈등의 원인이 된다.

바람이 찼던 어느 겨울날 약속 장소에서 지인을 기다리는데, 멀리서 그 사람이 걸어오는 모습이 보였다. 그 사람은 어찌된 일인지 걸어오며 연신 눈물을 훔치고 있었다. 놀란 나는 빠른 걸음으로 다가가 "무슨 일이야? 왜 울어?"라고 걱정스럽게 물었다. 상대방은 아무 일 없다는 듯 대꾸했다. "아니, 나도 늙었나 봐. 찬바람 쐬면 눈이 시려서 자꾸 눈물이 나네." 우리는 순간 어이없는 표정으로 서로를 바라보며 웃을 수밖에 없었다.

관계 속에서 보이는 특정한 행동에 대해 우리는 아주 짧은 시간 순간적으로 의미를 추론하고 평가하곤 한다. 내 의사와 상관없이 빠른 속도로 처리되는 이러한 자동적 사고automatic thoughts는 인간관계 속에서 더러는 상대의 속마음과 의도를 왜곡시켜버리는 문제를 만든다. 따라서 주의를 기울여 내가 부여한 의미와 사고에 오해의 소지는 없는지 관찰하고 살펴야 한다.

학창 시절 오답 노트를 써본 적이 있을 것이다. 나 또한 많은 도움을 받았던 것으로 기억한다. 내가 자주 반복해서 틀리는 문제가 눈에 들어왔고, 오답 노트는 더 이상 오답이 아닌 정답을 만들어주는 구세주가 되어 있었다.

나는 누군가와 관계를 형성하는 데 어려움을 느끼지 않았다. 하지만 유지하는 데 일방적이고 경직된 태도를 보였다. 유연하지 못했기에 관계 속에서 변할 수도 있는 역할에 대해 생각해본 적이 없었다. 내 태도가 폭력이 될 수 있음도 알지 못했다. 한마디로 관계의 오답 노트를 써보지 않은 것이다.

강의를 막 시작한 강사를 만나면 직장에서 퇴사한 후 프리랜서로 자리 잡기까지 고생스러웠던 과거가 떠올라 한꺼번에 많은 친절을 도움이라는 명목하에 쏟아부었다. 이어서 내 친절을 거부하지 않은 상대에 대해서는 친한 사이가 되겠다는 의사 표시를 한 것으로 해석해서 이런저런 기대를 품었다. 문제는 곧 드러났다. 내가 상대와의 사이에서 그렸던 관계 지도에서는 찾아볼 수 없었던 그림들이 예고 없이 어느 날 불쑥 그려지는 것을 견디지 못했다.

사람이 태어나 걷고 뛰게 되는 발달 과정처럼 내 도움을 받았던 후배의 강의 실력도 시간에 비례해서 향상되고, 그에 따라 내 역할에도 변화가 요구된다는 점을 나는 몰랐다. 배움과 가르침을 주는 선배에서 지지와 격려를 보내는 동료의 자리로 이동할 수 있어야 했는데 그러지 못했다. 안타깝게도 나는 이 원리를 후배와의 관계가 멀어지고 난 후에야 알게 되었다. 이는 마치 자녀가 성장함에 따라 부모의 역할이 바뀌는 것과 비슷하다. 유아기를 거쳐 아동기, 청소년기 그리고 성인이 된 자녀와 부모가 서로 주고받는 자극과 반응 즉, 상호작용이 달라짐을 의미한다.

언제부터인가 바빠진 후배로부터 연락이 조금씩 줄어들자 관계 속에서 변화를 필요로 하는 역할에 대해 고민해본 적이 없었던 나는 후배를 그저 괘씸하고만 여겼다. 동시에 더 이상 그 사람을 나와 친한 사람 쪽에 두지 않고 친하지 않은 사람 쪽으로 이동해도 되겠다고 판단했다. 맺고 끊음이 분명해야만 했던 나는 그렇게 무 자르듯 관계를 정리하며 살았다.

내가 준 것에는 상대도 어떡하든 정확히 답해야 한다는 내 방식대로의 사고와 논리로 관계를 정의했다. 그러나 내가 고려하지 못했던 중요한 두 가지는 상대의 관계 영역에서 알고 지내는 사람, 그러다가 도움이 필요할 때 부탁할 수도 있는 사람에 내가 포함될 수도 있다는 점과 그것이 무조건 오답으로 치부되어서는 안 된다는 점이었다. 만약 아빠가 준 정답 노트에 '생각은 바뀔 수도 있어', '힘들면 포기해도 괜찮아', 'O, X로만 정답을 규정할 수는 없어' 같은 것이 있었다면 어땠을까? 나는 생각에 잠기곤 했다. 그러면서 한편으로는 아빠가 내게 전한 말 또한 성장하는 과정에서 내 방식대로 집착해서 사용했을 수도 있다는 생각에 미쳤다.

숙고 끝에 찾아온 단순함이 준 평화

물론 가끔은 정답과 오답으로 관계를 구분 짓는 것이 이로울 때도 있었다. 이론으로 이해했던 심리학을 삶에 적용하기 시작하면서부터 대인관계 때문에 스트레스를 받는 일은 현저하게 줄었다. 하지만 최근 실망, 좌절, 서운함, 화와 같은 불편한 감정을 한꺼번에 느끼는 일이 생기고 말았다.

내가 운영하는 모임에 참석하면서 자연스럽게 알게 된 D를 온전히 믿었고 마음을 주었기에 내가 느낀 실망감은 며칠, 아니 정확히 3개월 동안 지속되었다. D가 내게 보여준 모습과 외부에 보여주는 모습이 달랐는데, 혹여 다른 사람들로부터 옹졸하다는 소리를 듣고 싶지 않았던 나는 서운한 마음을 누구에게도 알리지 못한 채 혼자서 끙끙 앓아야만 했다. 전처럼 후배 강사들과의 관계에서 느꼈던 역할의 변화가 요구되는 상황도 아니었다. 무엇인가 D에게 나는 그저 도구라는 생각을 저버릴 수 없었다. 더 이상 D를 품는 것도, 그렇다고 서로 모르던 예전으로 돌아가는 것도 어려웠다. 소위 같은 바닥이라고 하는 교육 업계에서 원하든 원하지 않든 간에 서로의 소식을 듣게 될 텐데 초연해질 자신이 없었다.

이상하게도 이번만큼은 맺고 끊음의 결정이 어렵기만 했다. 나 혼자서 D를 오해하고 있다거나 맥락이 제대로 파악되지 않아서 생긴 일은 아닐지, 경직된 내 사고가 폭력을 휘두르는 것은 아닐지 조심스럽기만 했다. 이렇게 괴로운 날들은 생각이 꼬리에 꼬리를 물며 이어졌고, 명료하게 관계를 맺고 끊고 싶었던 나는 묘책이 필요했다.

그러던 어느 날 밀란 쿤데라의 소설 《참을 수 없는 존재의 가벼움》이 떠올랐다. 책에서 인용되며 그 일화가 더욱 알려진 베토벤 후기에 작곡된 현악 4중주곡 중 마지막을 장식한 16번 F장조의 악장 앞머리에는 '힘겹고 어렵게 내린 무거운 결정'이라는 표제가 달려 있다. 이 표제를 본 많은 베토벤 전문가들은 누구보다 치열하고 비극적인 삶의 과정을 살아낸 베토벤이 생의 막이 내리는 순간을 앞두고 비극을 되새김하기보다는 현재를 살고 기뻐하면 된다는 단순함에 도달했으리라고 추측한다. 베토벤이 죽음의 병상에서 마지막 악보에 남겼던 말 "Muss es sein(그래야만 하는가)?"은 엄숙한 서주 그라베grave로 "Es muss sein(그래야만 한다)!"은 밝고 명랑한 분위기의 알레그로allegro로 표현된 것이 그 추측을 증명하기도 한다. 인생의 마지막 한 페이지만을 남겨놓았던 베토벤의 자문자답은 나를 숙연하게 만듦과 동시에 고민을 가벼이 해주었다.

나는 D와 주고받은 메시지를 몇 번이고 다시 확인했다. 그렇게 객관적으로 살피다 보니 D가 어느 날 갑자기 약속을 지킬 수 없다고 통보한 것이 아니라, 암묵적 메시지를 통해 여러 차례에 걸쳐 충분히 자신의 속마음을 표현했음을 알아차릴 수 있었다. 상대와 내가 추구하는 가치와 욕구의 충돌이었다. 나만의 일방적 사고에 의한 해석과 판단이었다. 맥락을 파악해서 최대한 객관적으로 의미와 원인을 찾고 나니 결정은 빠르고 꽤 심플해졌다. 비로소 D를 원망과 기대 없이 놓아줄 수 있었다.

어린 시절 아빠로부터 아무런 이야기도 듣지 않았다면 내 관계는 어떤 모습을 하고 있을까? 모든 사람에게 사랑받지 못하는 것에 불안해하거나, 반대로 모든 사람을 품지 못하는 것을 안타까워하며 자책하는 일이 많았을지도 모르겠다. 분명한 점은 지금보다 많은 시간을 사람과의 관계 때문에 괴로워하며 보냈을 것이라는 점이다. 아빠가 내게 물려준 맺고 끊음의 확실함에 대한 명제는 어떤 대상을 향해 아무렇게나 함부로 논리를 휘두르고 정답과 오답으로 구분 지어 평가하는 것이 아니라, 좀 더 신중하되 단호했던 베토벤식 자문자답에 가까웠음을 알게 되었다. 더불어 그 명제가 '착해야 한다', '순종해야 한다', '얕보이지 마라', '남을 믿지 마라', '절대 감정을 표현해서는 안 된다'와 같은 나쁜 명제가 아니었다는 데 안도의 숨을 쉬었다.

함께 건너는

관계 브리지

개인의 주관적 사고와 판단이 배제된 채 무비판적으로 받아들인 부모나 선생님(권위자)의 행동과 가치관, 도덕적 명령과 같은 '내사(introjection, 행동이나 사고방식에 악영향을 미치는 가치관)'가 많을수록 관계에 소극적인 사람이 될 수 있습니다. 개인이 느끼는 감정과 욕구, 자율적 행동을 억누르도록 내면이 명령하는 탓이죠. 주체적인 내가 되어 느끼는 감정을 억제하기보다는 표현하고 책임지는 태도가 훨씬 행복한 관계를 만들어줄 것입니다. 그러기 위해서는 연습이 필요하며, 다음과 같이 내 현재 상태를 점검한 후 적용해보는 것도 좋습니다.

- 감정과 욕구를 솔직하게 표현합니다.
- 상대의 무리한 요구에 대해 무조건 복종하는 것이 아니라 '싫습니다'라고 말해봅니다.
- 솔직하게 말하지 못할 때 내가 진짜 두려워하는 것이 무엇인지 알아차립니다.
- 내가 가지고 있는 '좋은 내사'와 '나쁜 내사'를 구분해서 적어봄

니다.

- 나쁜 내사 앞에 '절대로'를 넣어서 읽어봅니다. 예를 들면 하지 마라 → 절대로 하지 마라, 읽지 마라 → 절대로 읽지 마라

어떤 느낌과 생각이 들었나요? 아마 무엇인가 강하게 나를 짓누르는 압박감이 느껴지셨으리라 생각합니다. 바로 내 옷이 아니기 때문입니다. 흑백의 이분법적 사고로 예외의 상황을 허락하지 않기 때문입니다. 관계 안에서 유연하게 대처하기를 원한다면 내 안에서 강렬하게 작동하는 '… 해야만 한다'와 같은 왜곡된 사고가 없는지 살펴야 합니다.

폭력 외에 타협을
배운 적이 없는 사람들

엄마의 폭력은 아이의 타협을 망친다

—— 도대체 어디서부터 무엇이 잘못된 것일까? 또 시작이다. C
는 블록 하나를 놓고 서로 갖겠다며 양쪽에서 한쪽씩 잡은 채 괴성
을 지르는 두 아이가 이제는 놀랍지도 않다. 시선은 아주 잠시 동안
만 아이들에게 머물 뿐 한숨과 함께 이내 거두어진다. 잠시 후 블록
은 조금 더 힘이 센 첫째 아이 차지가 되고 만다. 골이 잔뜩 난 둘째
아이의 울음은 마치 손톱으로 칠판을 긁어대는 고주파처럼 뒷목을
서늘하게 하는 소음이 되어 C의 귀를 찔러댄다. 결국 C는 첫째 아
이의 손에서 블록을 낚아채듯 빼앗아 장난감 박스에 던지며 소리를

지른다.

"야! 엄마가 서로 싸우면 둘 다 가지고 놀 수 없다고 했어? 안 했어? 둘 다 가지고 놀지 마!"

누구의 차지도 되지 못하고 블록을 빼앗겨 분한 데다 엄마의 윽박지르는 소리가 무서웠던 두 아이는 연합군이 되어 엄마를 향해 더 크게 소리를 지르며 옷을 잡아당기고 꼬집고 주먹을 날린다. 몸에 붙은 벌레를 쳐내듯 C는 두 아이를 자신에게서 떼어내고 밀쳐내기 바쁘다. 그 순간 C는 더 이상 엄마가 아닌 자신의 안전을 위해 으르렁대는 그저 사나운 짐승일 뿐이다. 그렇게 얼마간 유지되던 격정 감정이 지나고 나면 아이들이 받았을 충격과 두려움이 느껴져 후회가 밀려온다. 혹시 자신의 행동이 아이들에게 두고두고 트라우마가 되는 것은 아닐지 걱정이 돼서 아무것도 할 수가 없다. 스스로 얼마나 부족하고 못난 엄마인지 돌이켜보며 자책도 하지만, 좀처럼 아이들을 향한 폭력적인 행동은 고쳐지지 않는다. 자신의 노력만큼 따라주지 않는 아이들이 원망스럽고 괘씸하기까지 하다. 아이들이 일반적이지 않고 키우기 힘든 까다로운 성향을 지녔다는 생각을 떨쳐버릴 수가 없다.

C는 늘 양보하지 않고 서로 싸우며 엄마를 힘들게 하는 별난 아이들, 공격적이고 정서 조절이 안 되는 반항적인 아이들, 차분

히 앉아서 놀지 못하고 온 집 안을 장난감으로 쑥대밭을 만들어 놓는 주의력 결핍이 의심되는 아이들 때문에 하루하루가 너무나 고통스럽고 힘들다고 말한다. C가 원하는 것은 그리 큰 것이 아니다. 여섯 살 형은 자신이 가지고 놀던 블록을 만지고 싶어 하는 동생에게 쿨하게 몇 개 건네주고, 그마저도 싫다면 형이 조금만 더 놀다가 줄 테니 너는 기찻길을 조립하는 게 어떻겠냐며 네 살 동생을 타이르듯 설득하고 타협하는 것이다. 이 쉬워 보이는 간단한 관계의 이치가 C의 아이들에게는 어째서 기적 같은 바람이 될 수밖에 없는지, 도대체 어디서부터 잘못된 것이며 누굴 탓해야 하는지 답답하다. 그런데 C는 모르고 있는 듯하다. 이 같은 상황은 반복되는 대물림이라는 것을. 단순히 부모 자녀 관계에만 국한되는 것이 아니라, C와 연결된 많은 인간관계에서 공통되게 보이는 특징이라는 것을.

아이는 이미 충분히 알고 있다

대다수의 부모는 아이들이 가진 능력에 대해 오해를 한다. 이제 고작 여섯 살, 네 살 된 아이가 무엇을 할 수 있단 말인가? 그저 어린아이일 뿐이라고, 부모의 도움 없이는 아무것도 할 수 없는 아이일 뿐이라고 단정 지어버린다. 그래서 부모는 아이를 대신해 많은 것을 선택하고 결정하며, 강요하거나 명령한다. 그것은 부모로서 해야 하는 당연한 역할이지 힘없는 아이를 향해 일방적으로 행사되는 폭력이라는 생각은 전혀 하지 못한다.

아이가 다섯 살 때의 일이다. 저녁을 막 먹고 치우려는데 유치원 담임선생님으로부터 전화가 걸려왔다. 저녁 시간에 선생님으로부터 전화가 걸려오는 경우는 드물었기에 불길한 생각이 스쳤다. 평소와는 다르게 낮고 조심스러운 목소리로 선생님은 오후 유치원에서 있었던 일에 대해 천천히 이야기했다.

"어머니, 오늘 하윤이가 미술 활동 시간에 친구 얼굴을 손에 들고 있던 가위로 그어서 살짝 빨갛게 되는 일이 있었어요. 다행히 옆에 있던 보조 선생님이 바로 발견해서 상처가 나거나 한 것은 아닌데요. 친구가 놀라서 우는 바람에 제가 하윤이를 많이 혼냈어요. 말씀드려야 할 것 같아서요."

순간 나는 머릿속이 하얘지면서 심장이 막 100미터 달리기를 하고 난 것처럼 쿵쾅대며 뛰기 시작했다. 그러나 티내지 않으려 애쓰며, 깊게 심호흡을 한 번 하고 물었다.

"그 친구는 괜찮은가요? 다른 것도 아니고 가위였으면 엄청 위험했을 텐데요. 괜찮은지요?"

나는 몇 번이고 반복해서 친구가 괜찮은지를 묻고 또 물었고, 빠르게 발견해서 큰 사고가 나지 않도록 조치해준 선생님께 고맙다는 인사를 전했다. 전화를 끊고 나서도 한참을 멍한 상태로 숨을 몰아쉬다가 거실 한쪽에서 장난감을 만지고 노는 아이를 보고서야 정신을 차릴 수 있었다. 아이를 보자 자신이 오늘 한 행동이 얼마나 위험한 것인지 알고 저렇게 태평하게 놀고 있는지 화가 나기보다는 급박했을 그 상황에서 오갔을 선생님과 친구의 반응 그리고 아이가 느꼈을 감정이 떠올랐다. 얼마나 놀랐을까? 나는 아이의 불안을 담아내 줘야겠다고 생각했다.

"하윤아, 오늘 유치원에서 미술 활동 시간에 그림 그리기 재미있었어?"

이렇게만 물었을 뿐인데 아이는 이내 굵은 눈물을 뚝뚝 흘리며 "내가 먼저 그런 거 아니야!"라고 억울한 감정을 쏟아냈다. 예상치 못한 반응에 나는 최대한 침착한 몸짓으로 아이를 품에 끌어당겨 꼭 안아주며 말했다.

"하윤이 많이 속상했구나. 엄마한테 혼날까 봐 걱정도 됐고. 맞아?"

"응, 맞아. 하윤이가 먼저 잘못한 거 아닌데 선생님이 나만 혼냈어. 그래서 슬펐어."

"그랬구나. 우리 하윤이가 얼마나 슬프고 무서웠을까? 엄마도 마음이 아프다. 그런데 하윤아 알아, 엄마는 다 알아. 하윤이가 절대 일부러 그러지 않았을 거라는 거. 괜찮으니깐 어떻게 된 일인지 엄마한테 솔직하게 말해줄 수 있겠어?"

아이가 미술 활동 시간에 집중해서 그림을 그리고 있는데 친구가 먼저 종이를 잡아당겨 그리던 그림이 살짝 틀어졌단다. 방해하지 말라고 부탁했는데도 친구가 그 뒤로 두 번이나 더 종이를 잡아당겨 결국 그림을 망치게 되었다. 그래서 화가 나 손으로 밀치는 도중에 들고 있던 가위에 얼굴이 긁힌 것이다. 나는 정직하게 말해줘서 고맙다는 말과 함께 처음부터 화낸 것이 아니라 세 번이나 참고 친구에게 방해하지 말아달라고 부탁했던 아이의 행동에 대해 잘했다는 격려의 말로 위로해주었다. 하지만 친구가 많이 놀라 울음도 터뜨리고 얼굴도 살짝 빨갛게 되었다고 하는데, 아이의 기분은 어떤지 물었다. 아이는 슬펐다면서 이렇게 대답했다.

"친구가 많이 아팠을 것 같고, 미안해. 지금 친구에게 가서 사과할래."

나는 상대 아이의 엄마에게 전화를 걸어 사과하고 아이가 괜찮은지 확인한 후 우리 아이의 마음을 전했다. 다행히도 친구의 엄마는 아이의 방문을 허락했고, 그날 밤 두 아이는 뜨거운 화해를 했다. 나는 집으로 돌아와서 아이가 잘못을 인정하고 친구에게 진심으로 사과했던 용기 있는 행동에 대해 아낌없이 격려의 박수를 쳐주었다.

"하윤아, 오늘 많이 놀랐시? 앞으로도 친구랑 싸우는 일이 생기면 하윤이 마음이 슬프지 않게 행동할 수 있었으면 좋겠어. 잘 모르겠으면 엄마나 선생님한테 물어보고 솔직하게 말해주면 되는 거야. 알았지?"

이날 아이는 자신에게 일어난 일에 대한 생각과 느낌을 살피고, 그것이 실제로 일어난 일에 어떤 영향을 주었는지 분명 알아차렸을 것이다. 그리고 이 경험은 두고두고 관계에서 발생하는 갈등과 문제를 해결하기 위한 좋은 대처 능력의 자원으로 작동할 것이다. 혹자는 겨우 대여섯 살 밖에 안 된 아이가 무슨 알아차림과 성찰이냐고 비웃을지도 모르겠다. 나는 그렇게 생각하지 않는다. 초등학생이 되어서 친구 사이에 일어나는 크고 작은 갈등에 대해 스스로 생각하고 공감하며 되도록 솔직하게 표현하는 쪽으로 행동하는 아이의 모습을 보면 알 수 있다.

부모의 담아내기와 정서 대물림

세상의 모든 부모는 자녀가 관계 속에서 발생하는 갈등에 합리적으로 사고하고 판단해서 대처할 수 있기를 바란다. 나는 결코 C의 아이보다 우리 아이가 타고난 대인관계 능력이 우수하기 때문이라고 여기지 않는다. 다만 부모가 자녀가 경험한 정서를 얼마나 잘 '담아내는containing'지에 따라 대처 방법이 달라질 수 있음을 말해주고 싶다. 여기에서 담아내기는 긍정적 정서보다는 부정적 정서의 표현에 더 집중한다.

첫째, 아이가 타인과의 관계에서 느꼈을 어려움과 감정적 충격을 이해하고

둘째, 적절히 대처하며

셋째, 부모의 행동에 담긴 의도를 추론할 수 있는 아이의 능력을 알아차린 후 아이가 정서를 조절하도록 상호작용 하는 것이다.

C의 부모님은 어린 시절 작은 실수조차 용납하지 않는 분들이었다. 부모의 기준에 마땅치 않은 행동이라도 한 날은 가차 없이 폭력이 가해졌다. 어리고 약한 C의 기분이나 생각을 물어봐준 적은 단 한 번도 없었다. 이와 반대로 나는 아빠로부터 늘 왜 그렇게 행동했는지에 대해 설명하는 일이 많았다. 그럴 때마다 아빠는 과정과 결과를 두고 나를 격려하거나, 더 나은 대처 방법은 없었는지 다시 질문하는 방식을 택하셨다.

정신병리 치료를 위해 '정신화mentalization'를 개념화한 정신분석학자이자 임상심리학자인 포나기는 자녀의 불안을 대체로 잘 담아내는 부모에게서 자란 자녀가 안정 애착을 형성할 가능성이 79퍼센트에 달한다고 했다. 그리고 많은 사람이 알고 있듯이 안정 애착을 경험한 사람일수록 대인관계에서의 대처 능력이 좋은 편이다. 특히 포나기는 대인관계 능력에 큰 영향을 미치는 애착에 있어서 정신화는 절대적으로 중요함을 강조한다. 정신화란 누군가 펜을 떨어뜨릴 때 그 행동이 우연인지 의도된 것인지를 알아채는 기본 능력과 같다. 예를 들어 딸이 어머니가 자신을 거부하는 이유가 자신을 싫어하는 적대감 탓이 아니라, 어머니 개인의 우울감 탓일 수도 있다고 알아차리는 것이다. 이는 성찰적 기능과 연관이 있다. 경험을 통해 마음 상태가 나와 타인의 행동에 어떻게 영향을 미치는지에 대해 분석하고 해석해낼 수 있는 적응적 기능인 것이다.

나는 세 살 때 언니와 소꿉놀이를 하다 죽을 뻔한 적이 있다. 언니는 엄마가 되었고, 나는 아기가 되었다. 언니는 "아가야, 엄마랑 밥 먹어야지" 하면서 흙이며 풀이 섞인 것들을 내 앞에 놓아주었다. 실제와 가상을 구분하지 못했던 어린 나는 그것들을 정말 먹어버렸다. 물론 나보다 네 살 많았던 언니는 하나도 먹지 않았다. 언니는 자신은 엄마가 아니고, 동생인 나 또한 아기가 아니라는 점을 알았다. 둘은 단순히 소꿉놀이를 하고 있음을 인지하고 있었던 것이다.

　그 시절 나처럼 세 살 미만의 아이는 눈으로 보이는 실제와 그것을 통해 인식되는 사물의 다름을 구분하지 않고 자신의 생각이 사실이라는 방식으로 사고한다. 그리고 발달상 세 살 이후의 아이는 부모나 양육자의 담아내기 정도에 따라 점차적으로 겉으로 보이는 행동뿐 아니라 욕구와 감정, 신념과 같은 행동의 저변에 있는 마음 상태를 구분하기 시작한다. 이것이 정신화 과정이다. 다만 자라는 과정에서 부모에게 학대를 받아 정서가 불안정한 엄마는 아이와 정상적인 애착 관계가 형성되기 어렵기 때문에 담아내기보다는 강압적이며 폭력적으로 아이를 통제할 수 있으며, 이는 성찰적 기능의 정신화를 저해하기도 한다.

　상담과 교육을 통해 만나는 많은 부모는 심리학을 공부하지 않았음에도 불구하고 부모와 자녀 사이에 만들어진 애착이 성인이 되어서까지 개인의 관계 맥락에 얼마나 중요하게 작용하는지 잘 알고 있다. 하지만 그들의 공통된 호소는 순간의 짜증과 화를 참지 못하고 아이의 정서 담아내기를 망쳐버리거나 포기하고 만다는 것이다.

　다행히 나는 성장 과정에서 부모를 통해 자연스럽게 배우는 기회가 있었다. 안타깝게도 C에게는 허락되지 않았던 것이기도 하다. 나는 C에게 나를 당황시키는 아이의 행동을 보는 순간 앞서 설명한 세 가지 담아내기가 아이의 정신화를 어떻게 통합시키고 어떻게 망쳐버릴지 구체적으로 상상하라고 말해주었다. 어느 날은 그 상상의 정도가 재앙처럼 생생하게 느껴지기도 하는데, 그러면 의도적으로라도 담아내기에 최선을 다하게 된다. 그렇게 점점 쌓이는 담아내기의 성공 경험은 나와 아이를 연결하는 애착 관계의 점들을 선명한 선으로 바꿔준다. 우리는 아이에게 자신의 폭력적인 정서를 대물림하지 않도록 솔직한 감정과 생각을 알아차리고 표현할 줄 아는 부모가 되어야만 한다.

함께 건너는

관계 브리지

안정적 애착 패턴은 부모가 얼마나 자녀의 정서(불안)에 잘 반응하고 담아내 주었는지가 중요합니다. 아기는 부모의 정서 표현을 보고 자신의 내적 상태를 경험하기 때문입니다. 더불어 과거의 잘못된 애착 패턴은 현재의 새로운 관계를 통해 충분히 회복될 수 있다는 점도 기억하세요.

• 어린 자녀일수록 감정은 티가 나게 과장되게 반응해줍니다.
• 좌절과 분노의 감정도 피하지 않고 경험하게 해주며, 옆에서 함께 버텨줍니다.
• 느끼는 감정 상태에 맞춰 반응한 후 표현합니다.

"지금 많이 속상하지? 그래도 모든 게 네 잘못이라고 자책하지 않기를 바라."
사랑으로 담아내 주었던 부정적 정서는 훗날 사람을 대하는 태도를 바꿔줄 것입니다. 또한 슬픔과 분노, 두려움을 품을 수 있는 아이로 성장시킬 것입니다.

성격보다
자존감이 먼저다

외향적인 사람이 관계에 유리할까?

—— S는 스스로를 인간관계에 서툰 사람이라고 정의한다. 그리고 그 이유로 내향적 성격을 탓한다. 회식 자리에서 동료들과 서슴없이 깔깔깔 웃으며 일상을 이야기하는 옆자리 동료가 부럽기만 하다. '나도 저렇게 편하게 다른 사람들과 이야기를 나눌 수 있는 밝은 성격이면 좋을 텐데', '부끄러움을 덜 타면 좋을 텐데', '망설이지 않고 내 속마음을 자신 있게 꺼낼 수 있다면 좋을 텐데', '말재주가 있다면 좋을 텐데' S가 마음속으로 그리는 '…좋을 텐데'는 어느새 자기 비난이 되어버린다. 여러 사람이 모여 있는 곳에서 S는 늘 관심

밖인 것만 같아 속상하다고 했다.

"사람들은 밝고 쾌활한 사람을 좋아하는 것 같아요. 저처럼 낯가림도 심하고 말수도 적은 사람은 그다지 인기가 없어요. 그래서 요즘은 이런저런 핑계를 대고 회식도 빠지는 편이에요. 사람들이 모이는 자리는 되도록 피하고 싶어요."

자신의 성격이 외향적이지 못해서 인간관계에 불리하다고 하소연하는 S는 그렇게 타인과 거리를 두는 것에 점점 익숙해지고 있다.

우리는 흔히 대인관계가 좋은 사람들은 붙임성 있는 외향적 성격을 가졌다고 생각한다. 반대로 S처럼 내향적 성격의 사람들은 대인관계에서 위축되거나 눈치를 살피는 등 얼어붙는 경우가 많아 친해지기 어렵다고 말한다. 물론 짧은 시간에 다른 사람들과 쉽게 친해지거나, 낯선 곳에서도 빠르게 적응하는 능력은 외향적 성격의 사람들이 뛰어나다. 하지만 이것이 인간관계 전체를 대변하지는 못한다. 오래 두고 친해지고 싶은 사람을 두고 '볼수록 진국'이라고 하지 않는가. '첫 끗발이 개 끗발'이라는 말도 있다. 당신은 누군가와의 관계에서 어떤 사람으로 기억되기를 바라는가? 나는 친해지는데 조금 시간이 걸리더라도 오래 두고 보고 싶은 사람으로 나를 기억해주는 편이 좋을 것 같다.

사실 나 또한 표면적으로 비치는 모습을 통해 타인과 쉽게 친해지는 지극히 외향적 성향이 강한 사람으로 보일 때가 많다. 오히려 나를 잘 아는 사람들은 친해지는 데 시간이 꽤 오래 걸리는 사람이라고 말하는데 말이다. 분명 첫 만남에서 관계를 트는 데 외향적 성격은 도움이 된다. 그러나 외향적 성격 하나에만 기대서는 좋은 관계를 유지하기 어렵다. 대인관계에서 좋은 성격이라는 것이 정말 S가 생각하는 것처럼 많은 부분을 결정짓는 열쇠key일지 따져볼 필요가 있다.

그럼 다시 S의 이야기로 돌아가 보자. S가 대인관계에서 겪는 어려움은 단순히 성격 때문만은 아닌 듯하다. S를 가로막는 것은 자신이 다른 사람들에게 어떤 평가를 받을지, 사람들이 자신이 하는 말을 싫어하거나 우습게 보는 것은 아닌지 늘 불안하고 두려운 마음일지도 모른다. 그렇다 보니 자연스럽게 속마음을 드러내지 못하고, 다른 사람들이 좋아해줄 만한 행동에 자신을 끼워 맞추었던 것이다. 점점 관계 속에서 진짜 자기를 드러내지 못한 결과 스스로를 답답하고 부족하다고 평가하며, 사람들로부터 멀어지는 쪽을 택해버린 것이다. 나는 사람들을 만나는 게 두렵다고 말하는 S가 안쓰러웠다.

무너진 자존감 탓이다

이탈로 칼비노의 소설집《우주만화》속 '공룡'의 주인공 크프 우프크는 자신이 공룡인 사실을 다른 개체들에게 들킬까 봐 노심초사하며 초조와 불안 속에서 하루하루를 보낸다. 다른 개체들에게 관찰당하지 않기 위해 눈도 내리깔고 몸도 최대한 웅크려서 꼬리를 가리려 애쓴다. 그런데 어찌된 일인지 그의 불안한 마음과 달리 다른 개체들은 그를 아무렇지 않게 자신의 무리 중 하나로 받아들인다. 크프우프크의 불안은 객관적으로 평가된 것이기보다는 지극히 혼자만의 주관적 평가였던 것이다. 자기 자신을 향해 내리는 부정적 평가는 가혹하기만 하다. 자신과 타인을 구분 짓는 잣대가 되고, 타인 앞에서 점점 움츠러들게 만드는 몹쓸 꼬리표가 되어버리기 때문이다. 그러니 누구를 만나든 모든 대인관계가 스트레스로 다가온다면 자존감에 문제가 생긴 것은 아닌지 잠시 멈춰서 자신을 들여다보기를 바란다.

'저 말은 나 들으라고 하는 말인가?' S는 어느 날 타인을 지나치게 의식하는 자신을 발견했다. 대인관계의 핵심 요소는 내가 호감을 느끼고 친밀해지고 싶은 사람이 누구인지와 타인은 내게 호감을 느끼고 있는지, 내 행동을 어느 정도 수용해줄 수 있는지에 있다. 그리고 이러한 정의는 개인이 '기대, 상상, 추측'하는 것에 의존해서 내리는 결론이지 결코 객관적 평가가 될 수 없다. 그렇다면 어떤 사람이 '나는 관심의 대상이 아니고 거절당할 거야'를 떠올리고, 어떤 사람이 '내가 하는 말과 행동은 공감받을 수 있어'로 모든 면에서 충분히 안전하며 자신에게 유리한 쪽으로 관계를 정의 내릴까? 두 갈래 평가에서 가장 중요하게 작동하는 것이 바로 '자존감'이다. 우리는 스스로를 망치는 가장 큰 적으로 '나'를 말하곤 한다.

S는 그야말로 자존감이 낮은 사람이다. 키도 작고 뚱뚱한 데다 똑똑하지도 못한 자신을 아무도 반겨주지 않으리라고 생각했다. 학교 다닐 때부터 친구들과 어울리는 게 어려웠고, 그것이 현재 직장에서까지 쭉 이어지고 있었던 것이다. 하지만 내가 만난 S는 이목구비가 뚜렷한 서구형 미인이었다. 게다가 우리나라에서 알아주는 미대를 졸업한 인재이기도 했다.

자기 자신이 너무 싫다고 말하는 S는 집에서 둘째였다. 언니는 늘 자신감이 넘쳤고, 어디서든 자신의 생각을 망설이지 않고 또박또박 전달하는 사람이었다. 그런 언니를 주변 사람들은 똑똑하다거나 당차다는 말로 칭찬해주었다. 또한 남동생은 집안의 귀한 아들이었기에 무엇을 하더라도 주변의 반응은 호의적이었다. S는 그런 두 사람 사이에서 늘 중재 역할을 해야 했다. 갖고 싶은 게 있어도 되도록 양보했으며, 자신의 생각을 드러내기보다는 "저는 괜찮아요"라는 말을 자주 했다. 한마디로 관계 속에서 주체가 되었던 경험이 없었다.

주체가 된다는 것은 S에게 겁나는 일이었다. 언제 어떻게 공격받을지 모른다는 두려움, 비난받고 웃음거리가 될지 모른다는 불안이 마음속에 자리했다. 그러니 '차라리 나서지 말자', '조용히 있자', '다른 사람의 의견을 따르자', '나만 참으면 된다'는 식의 태도로 일관되게 살아온 것이다. 조금이라도 자신을 드러내면 관계 속에서 배척당할 거라는 막연한 불안을 느끼며, 자신의 약점을 들킬까 봐 초조해하는 모습이 꼭 '공룡'의 주인공 크프우프크와 닮았다.

자신감을 잃어버린 S에게 나는 말해주고 싶었다. "조금 부족하면 어때요? 완벽하지 않으면 이때요? 그러면 좀 어때요? 바로 그게 나인걸요." 세상 그 누구도 완벽한 사람은 없다. 너무 큰 자기 기대는 무엇에도 만족할 수 없는 불행을 초래한다. 따라서 꼭 무엇을 성취해냈을 때만 자기를 인정하는 것이 아니라, 지금 있는 그대로의 자기를 인정하는 연습이 필요하다. 신기하게도 인정하고 나면 약점을 들킬까 봐 조마조마하던 마음이 조금은 누그러진다. 외향적 성격을 부러워하기보다는 자기를 바라보는 평가의 잣대와 관점을 바꾸는 것이 좋은 대인관계를 유지하는 데 시급하게 필요한 것이리라.

벼랑 끝에 선 자존감 구출하기

답은 간단하다. 누구보다 자신을 사랑하는 것이다. 혹시 벼랑 끝에 서본 적이 있는가? 뒤로 돌아서면 벼랑은 더 이상 보이지 않고 나는 다시 안전해진다. 하지만 뒤돌아서는 것이 여간 힘들고 무서운 게 아닐 수 없다. 타인과의 비교 속에서 스스로의 가치를 인정해본 적이 없는 S를 향해 "지금부터 자신을 사랑해야 해요"라는 말이 과연 어떻게 들릴까? 마치 벼랑 끝에 서 있는 사람을 향해 뒤로 돌아서면 안전하니 뒤돌아서 오라는 말과 같지 않을까? 어떤 문제가 생길 때마다 '나는 할 수 없어', '내 까짓게 뭐라고', '혹시 결과가 좋지 않으면 모두 나를 원망할 텐데', '나는 그럴 자격이 없어'라는 쪽으로 부정적 인생을 살아왔던 S에게 자신을 사랑하라는 말은 그리 쉽지 않은 요구일 것이다.

어느 날 아이가 반장 선거에 나가겠다는 말을 했다. 나는 응원해주면서 어떤 공약을 내세울지 물었다. 아이는 자신의 학급을 쓰레기 없는 깨끗한 교실로 만들겠다고 했다. 과연 아이의 눈높

이에서 나온 엉뚱한 듯 실천 가능한 좋은 공약이었다. 며칠 후 반장 선거가 있었고, 출장 중이었던 나는 잔뜩 궁금한 목소리로 아이와 통화를 했다.

"하윤아, 반장 선거 어떻게 됐어?" 혹시나 하는 마음에 조심스럽게 물었다. 아이는 별일 아니라는 말투로 "엄마, 나 반장 선거에서 떨어졌어. 나 빵 표(0표) 받았어"라고 대답했다. 나는 잠시 1, 2초 정도 할 말을 잃었던 것 같다. 그리고 이내 "그랬구나. 하윤이 열심히 준비했는데 많이 속상했겠다. 기분은 괜찮아? 어땠어?"라며 아이의 마음 상태를 살폈다. "응, 조금 속상했는데 괜찮아. 그런데 남자 애들이 자꾸 쉬는 시간에 내 자리로 와서 '빵 표 받았대요' 이러면서 놀려. 속상해서 하지 말라고 했는데도 계속 놀려서 짜증나고 화났어." 순간 내 머릿속에 참 많은 생각이 스쳐 지나갔다. 훗날 아이가 타인의 평가를 너무 의식한 나머지 무엇인가에 도전하기를 망설이거나 포기하면 어쩌지 걱정스러웠다. 이 사건을 아이의 마음에 상처로 남겨서는 안 되겠다는 생각에 아이에게 이렇게 말했다.

"하윤이가 불편한 마음을 억지로 참지 않고 친구들에게 표현했구나. 정말 잘했어. 그리고 엄마는 오늘 하윤이의 행동이 너무 멋지고 자랑스럽네."

"왜? 나 반장도 안 되고 빵 표 받았는데?"

"물론 반장이 되면 더 좋았겠지만 그러지 않았더라도 하윤이는 이미 최고야. 왜냐하면 하윤이는 마음이 진짜 하고 싶은 것이 무엇인지 알아차렸잖아. 반장 선거에 나가고 싶다는 것을 스스로 알아차리고 용기 내서 나가기로 결정했으니 너무 훌륭한 거지. 반장 선거에 나가고 싶다고 해서 모두가 나가는 것은 아니거든. 혹시 떨어질까 봐 두려워서 그만둔 친구들도 있었을 거야. 그러니깐 하윤이의 용기와 도전이 엄마는 너무 멋지다고 생각해."

아이는 정말 자신이 반장으로 선출되지 않았어도 잘한 거냐고 확인하듯 물으며, 엄마의 반응을 기분 좋게 받아들였다. 한참 후 아이에게 다시 전화가 걸려왔다. 놀랍게도 자신이 왜 표를 못 받았는지 알겠다면서 다음에는 그 부분까지 잘해서 다시 나가볼 것이라고 했다. 나는 아이가 대견스러웠고, 반장이 되는 것보다 훨씬 값진 경험을 한 날로 이날을 소중히 기억하고 있다.

나는 아이가 어떻게 자랄 것이라고 아무것도 장담할 수 없다. 하지만 이 경험을 통해 감히 기대하는 바는 아이가 실망하거나 좌절하는 일을 경험했을 때 힘들더라도 금세 툭툭 털고 일어나는 회복력을 얻게 되었으리라는 점이다.

자존감이 높은 사람은 안 좋은 일을 겪더라도 쉽게 흔들리거나 타인에게 휘둘리지 않는다. 반면에 자존감이 낮은 사람은 조금만 안 좋은 일이 생겨도 그것을 자신과 연결시켜 스스로를 책망하고 탓한다. 이런 태도는 결코 대인관계에 긍정적으로 작용하지 못한다. 눈치를 살피고 자신 없어 하는 태도는 상대에게 배려나 겸손으로 비치기보다는 함께하는 시간이 지루하고 불편함을 견뎌내야 하는 수고로 느껴질 것이다. 성격의 문제가 아니다. 타인과의 관계에서 능동적으로 자신을 드러내고 싶은가? 그렇다면 마음의 힘을 먼저 키우기를 바란다.

나는 S가 말을 많이 하지 않더라도 자신의 장점을 잘 표현하고 성취감도 느낄 만한 게 무엇일지 고민했다. 결국 S는 집 근처에서 주 1회 향초를 만드는 수업에 참여하기로 했다. 확실히 미술 전공자여서 그런지 S는 모임에서도 손재주가 좋다는 말을 많이 듣는다고 즐거워했다. 또한 지나친 자기 평가를 멈추기 위해 자신에게 조금만 너 너그러워지는 연습을 했다. "충분해. 잘하고 있어. 너니까 이 정도도 해낸 거야"라는 말로 스스로를 위로했다. 약점이 드러나는 것을 두려워하지 않고 오히려 그것이 진짜 나임을 인정하는 시간도 가졌다. 그렇게 S는 사람들 속으로 느리지만 천천히 들어가는 중이다. 이는 관계 속에서 기꺼이 자신을 사랑할 수 있는 사람, 또 상대로부터 받는 사랑을 밀어내지 않는 사람으로 존재하는 것을 의미한다.

자아존중감은 신체적 특징, 학습 능력, 재능, 기능, 성격, 집단에
서의 지위 등 모든 영역에서 자신에 대해 부정적 또는 긍정적으
로 평가하는 것과 관련되어 있습니다. 즉 자신이 지닌 여러 속성
에 대해 성공인가 실패인가 또는 좋은가 나쁜가에 초점을 두고
스스로 평가하는 수준을 말합니다.

S는 자기 평가의 수준이 낮은 사람에 속했고, 그것이 타인과의
관계에서 늘 자신을 감추고 뒤로 숨게 만드는 수동적 태도를 유
발하는 요소로 작동했던 것입니다. S처럼 자신을 무가치하다고
평가하는 것을 멈추게 하는 방법은 "네 생각이 틀렸어. 그것은
비논리적인 근거 없는 주관적 평가에 지나지 않아"와 같은 합리
적 논박이 아닙니다. 그보다는 당사자가 느꼈을 불안과 당혹감,
수치심 등의 감정에 대한 정당성을 인정해주는 공감적 반응이
도움이 됩니다.

"그 상황을 견디기 정말 힘들었겠네요."
"어리석은 생각이라는 것은 알고 있지만, 그렇게 행동할 수밖에 없었겠어요.”

“다른 사람들이 당신을 비웃는 것만 같아서 도망치고 싶고, 자신이 뭔가 많이 부족한 사람처럼 느껴져서 고통스러웠겠어요.”

때로는 말보다는 어떤 감정을 경험했는지 주의를 기울이며, 스스로에 대해 '앎'을 비춰주는 것이 필요합니다.

3장

∨
∨
∨
∨
∨

어지럽게 뒤엉킨 관계의 끈

우리는 한평생 살아가면서 생텍쥐페리의 소설 《어린 왕자》 속 사막 여우가 이야기하는 길들여진, 특별히 의미 있는 관계를 맺는 사람들을 만나게 됩니다. 삶의 행복과 불행을 직결시키는 의미 있는 타인으로 친구, 연인, 가족, 직장 동료를 들 수 있습니다. 그런데 어느 날 의미 있는 타인과 맺은 관계의 끈이 심하게 뒤엉킨 것을 보게 된다면 어떨까요? 큰 고민 없이 잘라버리든지 끝까지 풀어보려 애쓰든지 둘 중 하나일 것입니다.

관계가 해체되고 붕괴되는 이유로는 접촉과 관심의 감소, 투자와 보상의 불균형, 가치관이나 성격의 다름에서 오는 차이 등 다양합니다. 일반적 인간관계와 비교해 심리적 아픔과 상처가 더욱 크게 남는, 의미 있는 타인과 맺은 뒤엉킨 관계의 끈에 대해 한번 생각해보세요.

'아무나'가 아닌
바로 '너'라서

둘도 없는 친구 사이

친구라는 두 글자를 써놓고 나는 한동안 그 무엇도 쓰지 못했
다. 내게 친구라는 이름으로 곁에 있었던 수많은 사람의 얼굴이
차례대로 기억 속에서 소환되었고, 어느새 나는 명치끝에서부터
목구멍까지 묵직한 무언가가 먹먹하게 자리함을 느꼈다. 지금도
꾸준히 연락하는 친구가 있는가 하면 완전히 연락이 끊긴 친구,
가끔 안부를 묻는 정도의 친구, 경조사가 있을 때만 연락이 닿는
친구가 있다. 그중 벌써 27년 지기가 된 여고 동창 네 명이 가장
각별한 친구로 남아 있다. 지금은 모두 결혼해서 워킹맘으로 살

아가는 친구들은 내 가족사부터 롤러코스터급 연애사를 거쳐 바람 잘 날 없이 요란했던 결혼 생활까지 모르는 게 없다. 그야말로 가족 같은 존재라고 해도 과언이 아니다.

—— L에게도 나처럼 가족 같은 친구가 있다고 했다. 그런데 최근 그 친구가 자꾸만 밉상이 되어간다며 하소연을 늘어놓았다. L과 친구는 대학 동기다. 선후배들 사이에서 쌍둥이라는 소리를 들을 만큼 두 사람은 늘 붙어다녔다. 그렇게 남다른 친분을 자랑했던 두 사람은 학교를 졸업한 후 친구가 L보다 6개월 먼저 취직하게 되면서 예전만큼 자주 보지 못하게 되었다. 그러다 얼마 전 오랜만에 대학 선배의 결혼식에서 만나게 되었는데, 여러 명이 함께하는 식사 자리에서 갑자기 친구는 다소 격양된 목소리로 L을 향해 이렇게 말했다. "너는 언제 결혼할 거냐? 이번에는 제대로 된 사람 좀 만나라! 내가 너 이별할 때마다 밤새워가며 술 마신 거 생각하면 지금도 피곤하다. 그러니깐 이번엔 제대로 잘 알아보고 길게 좀 만나, 알았지?" 사람들 모두 L을 바라봤다. 한 선배가 "뭐야! 도대체 그동안 몇 명을 사귄 거냐?"라며 놀리듯 L을 보고 웃었다. L은 예상치 못한 친구의 핀잔에 얼굴이 화끈거렸다. 공개 망신을 당한 것만 같아 불쾌했다. 그동안 L이 연애사로 고민을 털어놓을 때마다 친구는 귀찮았던 게 아닐까 의심마저 들었다. 누구보다 L에 대해 잘 안다고 자부했

던 친구이기에 적잖은 충격을 받았다. 물론 친구는 농담이었다면서 언제부터 그런 사소한 농담까지 담아두는 예민한 사람이 되어버린 것이냐며 오히려 L에게 마음에 여유를 가지라고 조언했다. 무례한 행동을 한 데 사과는커녕 자신을 타박하는 친구가 너무 얄미웠다. 그리고 L은 속으로 '뭐지, 이 익숙한 말투는…'이라고 생각했다. 순간 친구의 얼굴과 직장 상사의 얼굴이 오버랩되었다.

그뿐만 아니다. 며칠 전에는 카톡 메시지로 '이제 너도 취직했으니 재테크 시작해야지?'라며 은행 적금, 아파트 청약, 보험 등 자신이 알고 있는 재테크 정보를 보내주었다. 무조건 그 상품들로 신청하라고 했다. 자기가 다 알아봤는데 제일 좋은 것들이라면서 마치 부모가 자녀에게 '다 너 잘되라고 하는 소리야'라는 식으로 L에게 강요했다. L은 부모나 직장 상사, 선생님이라도 되는 양 윗사람처럼 구는 친구가 점점 불편해졌다. 사신과 모든 면에서 비슷한 점이 많다고 여겼던 친구가 정반대의 행동에 지배되어 있다는 생각을 떨쳐낼 수가 없었다.

L은 친구가 변한 것인지 아님 친구의 말대로 자신이 속 좁은 인간이 되어버린 것인지 알 수 없어 답답했다. 정확한 것은 L은 오랜만에 만난 친구로부터 그런 이야기를 듣고 싶지 않았다는 것과 그날 친구의 태도는 결코 L이 기대했던 바가 아니라는 것

이다. 그 일이 있고 난 뒤 L은 전처럼 친구에게 자신의 속내를 모두 꺼내 이야기하는 것이 꺼려졌고, 되도록 평범한 일상을 공유하는 정도에서 대화의 범위를 조절하기 시작했다.

상처는 관계 속에서 만들어진다. 그렇다고 모든 관계가 그 대상이 되지는 못한다. 중요한 관계 속에서 상처는 만들어진다. 그저 '아무나'였다면 괜찮았을 일이 '너'이기에 지울 수 없는 상처가 되어 기억의 톱니바퀴에 꽉 물려 저장된다. 그러니 L이 느낀 친구에 대한 기대의 좌절은 관계를 악화시키는 중대한 요인이 된 것이다. 친구 관계는 둘 중 어느 한쪽이라도 기대와 믿음이 깨지면 위기에 빠지게 되고, 그에 따른 실망감과 배신감은 급기야 분노와 적개심으로 증폭되어 둘도 없는 친구 사이를 적대적 관계로 바꿔놓기도 한다. L은 그 친구와 관계의 끈이 뒤엉키고 있음을 직감적으로 알 수 있었다.

오만한 가슴에는 친구를 들일 수 없다

네덜란드 암스테르담의 반 고흐 미술관에 갔을 때 나는 고흐가 그린 두 개의 의자 그림 앞에서 가장 오랜 시간을 멈춰 있었다. 한 점은 소박하게 담배 파이프와 담배쌈지가 놓여 있는 고

흐 자신의 의자, 다른 한 점은 화려한 카펫과 벽지를 배경으로 촛
불과 책이 놓여 있는 고갱의 의자였다. 고흐는 고갱을 무척 존경
했고, 그와의 예술적 동거를 열망했다고 한다. 그것은 세상 사람
들 모두가 해바라기를 대표하는 화가로 자신을 알아주기를 바라
며 쉬지 않고 해바라기를 그렸던 고흐의 모습에서 증명된다. 사
실 해바라기는 고갱이 제일 좋아하는 꽃이었기 때문이다. 고흐
가 고갱의 인정을 얼마나 크게 기대했었는지 짐작할 수 있다. 그
야말로 두 사람은 서로에게 '의미 있는 타인'이었다. 그러나 상당
부분에서 통했을 것 같은 두 사람은 애당초 동거가 불가능할 정
도로 다른 점이 많았다고 한다. 감성적 인물로 대표되는 고흐와
달리 고갱은 한마디로 이성적이다 못해 냉소적이기까지 한 인물
이었다.

두 사람이 그림을 통해 표현하는 바가 너무나 다르다는 것은
두 사람이 좋아했던 화가만 봐도 알 수 있다. 고흐는 밀레가 그린
수확하는 풍경을, 고갱은 고야의 프랑스 혁명 그림을 좋아했다.
기억과 상상으로 그림을 채웠던 고갱과 일상의 관찰에서 그림을
완성했던 고흐. 둘은 사사건건 다툼이 잦았다. 크게 싸운 어느 날
결국 고갱은 고흐를 떠나고 만다. 그날 밤 주체할 수 없는 격정적
분노의 감정에 휩싸였던 고흐가 자신의 귀를 자르는 충격적인
사건이 발생했고, 이후 두 사람은 다시는 만나지 못한다. 우리 중

누구든지 한 번의 큰 싸움만으로 평생토록 친구 관계를 끊고 살 았던 고흐와 고갱이 될 수 있다.

친구의 사전적 정의는 가깝게 오래 사귄 사람이다. 그래서인 지 친구는 자유롭고 편안한 인간관계에 속한다. 연인처럼 애정 을 투여하지도, 가족처럼 의무나 책임감을 부여하지도 않는다. 구속력이 그만큼 적기 때문이다. 또 그런 이유로 언제고 끊어질 수 있는 관계이기도 하다. 무엇보다 친구는 대등한 위치에서 서 로의 삶의 영역을 공유하는 관계다. 그렇다 보니 우리는 가족이 나 직장의 인간관계와는 다르게 친구는 전적으로 내 입장에서 나를 공감해주기를 기대한다.

L은 아마 이 부분에서 어느 날 갑자기 윗사람처럼 자신에게 조언하려 드는 친구가 못마땅하고 급기야 배신감마저 느꼈을지 도 모른다. 사회생활을 하며 각기 직업 분야나 사회적 지위가 달 라지는 경우 친구 간에 의도치 않게 공감의 영역이 줄어들기도 한다. L과 친구는 이 시기에 놓여 있는 것으로 추측된다. 내 마 음을 가장 잘 알아주던 친구가 자꾸 내 관심 밖의 전문적 이야기 를 하거나, 어쭙잖게 어른 행세를 하며 자신을 가르치려 든다는 생각에 불쾌감이 든 것이다. 물론 친구 입장에서는 6개월이라도 먼저 사회생활을 시작해보니 많은 것이 현실의 문제로 다가와

그것을 가장 친한 L과 나누고 싶었을지도 모른다. 그야말로 두 사람의 속도가 맞지 않았던 것이다.

그리스 철학자 아리스토텔레스는 친구 관계를 형성하고 유지시키는 주요한 요인으로 '쾌락, 효용성, 덕성'을 꼽았다. 어린 시절에는 함께 즐길 수 있는 쾌락적 친구가 좋았다면 나이가 들면서는 삶에 현실적으로 필요한 정보를 주고받을 수 있는 효용성이 친구 관계에 더 중요한 역할을 하기도 한다. 즉 친구와 함께 나눌 수 있는 사항이 고정되고 불변하는 것이 아니라, 계속 유동적으로 변한다는 것이다. 그 변화의 시기가 서로 맞지 않으면 어제의 아군이 오늘의 적군으로 돌변할 수도 있다.

이렇듯 다른 인간관계에 비해 구속력이 약하다 보니 관계를 악화시키는 요인도 여러 가지다. 만나는 횟수가 줄거나 취직, 결혼 등으로 생활 환경에 변화가 오면서 관심의 대상이 바뀌면 자연스럽게 소원해지기도 한다. 곰곰이 생각해보니 내 27년 지기 친구들과도 잠시 소원해졌던 때가 있었다. 대학 시절이었다. 서로 다른 지역에서 학교를 다니는 탓에(그 당시에는 휴대전화도 없었다) 자주 만나지 못하게 되었다. 가끔 만났을 때는 서로에 대한 최신 정보를 모르다 보니 깊은 대화를 나누는 게 어려웠다. 자연스럽게 서로 간에 연락이 점점 뜸해졌다. 그러다 네 명 모두 취직을 한 후 우연찮게 가까운 지역에서 생활하게 되면서 전보다 자주 봤고, 결혼 후에는 비슷한 연령대의 아이들을 키우느라 함께 공유할 이야기들이 풍성해지면서 친밀한 관계를 유지할 수 있었다. 나는 이런 점에서 우리에게 너무나 익숙한 '눈에서 밀어지면 마음에서도 멀어진다Out of sight, out of mind'는 서양 속담에 전적으로 동감한다.

그런가 하면 L처럼 친구에 대한 기대와 믿음이 깨지거나 실망하는 심리적 요인으로 관계가 악화되기도 한다. 나는 작은 월셋집에서 결혼 생활을 시작했다. 그때 우리는 소박을 넘어 가난했다는 것이 정확한 표현일 것이다. 모든 면에서 부족했다. 나이가 나보다 어린 남편은 아직 취직하기 전이었다. 경제적 책임을 내가 도맡아야 했고, 그만큼 스트레스도 컸다. 그 즈음 나와 비슷한 상황에서 결혼한 친구가 있었다. 그런데 그 친구는 얼마 안 돼서 시댁의 도움을 받아 전셋집으로 이사했고, 남편도 승진을 해서 생활이 점점 안정되었다. 친구는 배려심이 많은 소위 착한 사람이었다. 이사하고 얼마 지나지 않아 집들이를 한다며 나와 남편을 초대했다. 무엇인가 심통이 났던 나는 집들이에 가지 않았고, 그 뒤로 친구가 어떤 말을 할 때마다 이유 없이 "내 생각은 다른데"라며 반기를 들곤 했다. 너무 예민하게 구는 나를 의식해서 친구는 조금씩 내 눈치를 살피거나, 전처럼 내게 연락을 자주 하지는 않았다. 다행히 내 처지가 불쌍하고 네가 부러워서 잠시 못되게 굴었다고 고백하는 것으로 친구와 오해를 풀었다. 이제 와 생각해보면 참 옹졸하고 비겁한 행동이었다.

친구 관계에서는 스스로 정해놓은 나이, 학력, 사회적 지위, 직업, 경제력 등에 있어서 대등했던 수평적 관계가 어느 한쪽으로 기울어지면 불편함을 느껴 심리적 거리를 벌리기도 한다. 우정을 나누는 우호적인 관계인 동시에 서로를 비교하면서 자신을 평가하는 경쟁적 요소가 포함되어 있기 때문이다. 그래서 친구를 얻는 데는 오래 걸리지만, 잃는 데는 잠시라는 말이 있나 보다. 관계를 유지하기 위한 자발적이고 적극적인 노력이 필요한 관계가 바로 친구다.

진짜와 가짜가 가려지는 순간

대다수의 사람은 자신이 누군가의 관계 서열에서 하위 그룹에 속하는 것을 두 팔 벌려 환영하지 않는다. 더군다나 동일하다고 생각했던 친구 관계에서는 수직적 위치에 놓이는 것에 더욱 불편함을 느낀다. 자연스레 심리적 거리를 유지하려고 할 것이다. 스스로 비슷하다고 느끼는 사람들과 새로운 친구 관계를 형성할 수도 있다. L이 뒤엉키기 시작한 친구와의 관계를 끊는 것이 좋을지 풀어보는 것이 좋을지는 모르겠다. 하지만 후회의 씨앗을 심는 일은 없었으면 한다.

전문가들은 인생을 살아가는 데 필요한 가족적, 낭만적, 사교적, 작업적 동반자 중 가장 큰 비중을 차지하는 것이 사교적 동반자라고 말한다. 친구 관계가 바로 이에 속한다. 삶의 경험이 비슷하기에 많은 영역에서 공유와 공감이 잘되고, 친밀함을 형성하거나 유지하는 것도 용이하기에 그 범위가 넓다는 것이다. 그러나 그 크기에 비해 관계의 끈이 조금이라도 뒤엉키면 큰 망설임 없이 잘라버릴 수 있는 것도 사교적 동반자다. 얼마든지 대체 가능한 대안적 친구가 있다고 생각하기 때문이다.

물건이나 도구가 아닌 사람에게 '대체'라는 말을 쓰는 것에 기분이 유쾌하지 못한 사람도 있으리라. 씁쓸하지만 부인할 수 없는 현실이다. 친구는 단순하게 보면 거주하는 지역, 직업군, 관심사, 성별, 나이 등 여러 가지 이유에서 언제든지 새롭게 형성되고 바뀔 수 있음을 편하게 받아들이는 것 또한 정신 건강에 도움이 된다는 점을 미리 말해두고 싶다.

물론 깊은 관계라면 무 자르듯 싹둑 자르지는 못할 것이다. 그렇다면 깊은 관계란 무엇인가? 꼭 오래 알고 지낸 사이라고 해서 친구 관계가 깊은 것은 아니다. 그보다 중요한 것은 만남을 통해 얼마나 많은 부분을 공유하고 공감하고 있는지, 서로 간에 어떤 교류가 이루어졌는지 하느냐다.

보통 서로에 대해 깊이 알면 알수록 친밀감과 신뢰를 형성하는 데 유리하다. 힘들고 지칠 때 격려, 공감, 칭찬, 위로 등으로 힘이 되어주는 정서적 지지가 깊은 친구 관계를 만들어준다. 그리고 평소 이와 관련해서 관계 만족도가 높을수록 갈등이 생겼을 때 끈을 자르는 쪽이 아니라 풀어보려는 쪽으로 선택은 기울어지게 마련이다. 반대로 평소 관계 만족도가 낮을 경우 관계에 이상이 감지되면 뒤엉킨 끈을 적극적으로 끊어버리거나, 상대를 비난하고 무시하면서 자연스럽게 멀어지도록 방치해두기도 한다. 따라서 친구 관계의 해체 위기는 갈등 그 자체보다는 갈등을 해결하고자 하는 노력과 의지에 달려 있다고 해야 맞다. 흔히 말하는 '당신에게는 진짜 친구가 있나요?'에서 진짜 친구란 내 실재를 존중한다는 의미다. 이는 '관포지교管鮑之交'로 설명할 수 있을 듯하다.

형편이나 이해관계에 상관없이 친구를 위하는 깊은 우정을 일컬어 관포지교라고 한다. 춘추시대의 정치가 관중과 포숙아의 변치 않는 우정에서 나온 말이다. 사실 내가 포숙아였다면 관중이 얄미웠을 것 같다. 곤란에 빠진 그를 아무렇지 않게 포숙아처럼 구하고 싶었을지 자신할 수 없다. 그러나 포숙아는 나와 달랐다.

관중과 포숙아는 젊어서 함께 장사를 했는데, 관중이 늘 많은 돈을 가져갔다고 한다. 포숙아는 이 점을 서운해하지 않았다. 관중의 형편이 자신보다 못하다는 것을 알았기 때문이다. 관중이 벼슬에서 밀려나는 일이 있을 때도 포숙아는 그를 무능하다고 판단하지 않았다. 죽임을 당하기 직전 환공에게 그를 중용할 것을 청해 재상의 자리에까지 오르게 했다. 싸움터에서 몇 번이고 도망친 관중을 겁쟁이라 말하지 않고, 책임져야 할 노모가 있어서 그렇다며 그를 감싸주었다. 훗날 대정치가가 된 관중은 "나를 낳아준 이는 부모지만, 나를 알아준 이는 포숙아다"라며 포숙아의 변치 않는 우정에 감사를 표하기도 했다.

포숙아의 관중에 대한 변치 않는 마음은 어디에서 나온 것일까? 누구보다 관중에 대해 잘 알고 공감했기 때문이 아닐까? 상대의 상황과 심정에 충분히 공감하고 있다면 당연히 갈등을 해결하고자 노력할 것이다. 친한 친구 사이란 그저 좋은 날들을 함께한 것으로 가치의 비중을 두기보다는 갈등의 시기를 어떻게 보냈는지에 더 큰 비중을 두어야 한다. 결국 친구 관계의 깊이는 갈등 해결의 의지 수준과 비례한다고 할 수 있겠다.

나 또한 이렇게 쓰고 보니 큰 오해 없이 관계가 쭉 이어진 친구부터 위기가 있었지만 술 한잔을 나누며 서운하고 섭섭했던 것들을 풀고 더욱 돈독해진 친구, 둘도 없이 잘 지내다 사소한 이유로 생긴 오해를 끝내 풀지 못해 관계가 끊어진 친구, 기대에 못 미치는 부분을 감추고 별문제 없는 것처럼 그저 관계를 유지하는 친구까지 각양각색의 모습으로 내 옆에 친구들이 있음을 알게 된다. 분명한 것은 관계에는 질이 존재한다는 것이다. 그리고 그 관계의 질은 서로가 친구 관계를 유지하기 위해 얼마나 '시간, 돈, 마음'을 투자하는지를 파악해보면 알 수 있다. 사람들은 누구나 내가 투자한 것에 비례해 보상받기를 원한다. 이 투자와 보상의 균형이 맞지 않으면 우리는 상대에게 실망하고 서운함을 느낀다. 내가 받지 못한 보상을 혹은 내가 받은 것보다 더 큰 보상을 다른 사람이 받았다는 사실을 아는 순간 관계의 질을 비교하며 분노하기도 한다.

그렇다 보니 L은 실망할 수밖에 없었다. 친구에게 악의는 없는지 처음으로 친구의 마음을 의심했다. 그러면서 스스로가 참 비열하게 느껴져 화도 났다. 나 또한 나보다 형편이 빠르게 좋아진 친구의 집들이 초대에 어떤 의도가 있는지를 추측하며 언짢아했다. '나를 무시하는 건가?', '나에게 뭘 자랑하고 싶은 거지?' 그 순간 내가 만들어낸 추론은 그야말로 억측이었다. 1장에서 설명한 대인사고가 왜곡되어버린 것이다. 나와 L은 친구에게 투자한 것이 있었다. 그러니 관계의 끈을 그냥 끊어버리지도 못하고, 자연스레 느슨해지도록 포기하지도 않았던 것이라고 항변 아닌 항변을 해보고 싶다.

　까다롭고 어려운 관계가 친구 사이 우정이다. 같고 다름의 긴 시간을 공유하며 서로를 기억하고 보존해줘야 하기 때문이다. 마음에서 친구를 지운다는 것은 어느 면에서 나를 지우는 것과 같아 절망스럽고 끝없이 고통스러우리라. 토마스 베른하르트의 자전적 소설 《비트겐슈타인의 조카》는 베른하르트와 철학자 비트겐슈타인의 조카 파울의 이야기다. 정신병을 앓다가 죽음을 앞둔 친구 파울을 모른 척하며 일방적으로 관계를 정리하는 자신의 비겁한 행동을 발견한 베른하르트는 고통스러운 자기 마음을 다음과 같이 적고 있다.

　"그에게 차마 말을 걸 수 없었던 이유가 이미 죽음 그 자체가 되어 버린 사람에 대한 공포심인지, 아니면 자신이 가고 있는 그 길을 아직은 가지 않아도 되는 나와 마주치면 그가 불편해할까 봐 미리 배려해 주는 마음인지, 나는 정확히 알지 못한다. 아마도 둘 다였을 것이다. 그를 바라보고 있으니 나 자신이 수치스러웠다. 친구는 이미 죽음에 가까이 가 있는데 나는 아직 그렇지 않다는

것이 수치스러웠다. 나는 좋은 인간이 아니다. 나는 절대로 좋은
인간이 아니다."

_《비트겐슈타인의 조카》, 토마스 베른하르트, 배수아 역, 필로소픽(2014)

너의 죽음조차 나의 죽음으로 고스란히 느껴지는 관계, 그것
이 바로 친구다.

함께 건너는

관계 브리지

친한 친구와 우스갯소리로 "너의 고통은 곧 나의 행복이지"라는 말을 할 때가 있습니다. 슬프지만 많은 사람이 가장 친한 친구의 열등함을 남몰래 즐긴다고 합니다. 우스갯소리가 아닌 진심의 소리라면 꽤 슬플 것 같습니다. 친구 관계에 생기는 시기와 질투는 암초로 작용할 수 있습니다. 그러니 자신의 성공과 출세를 지나치게 자랑해서 다른 친구들로 하여금 열등감을 불러일으키지는 않았는지 뒤돌아봐야겠습니다. 반대로 친구의 성공과 출세를 진심으로 축하하기보다는 부인하려 들거나 과소평가하지 않았는지도 살펴봐야겠습니다. 양쪽 모두 친구를 잃는 지름길이 될 수도 있으니까요.

친구는 제2의 자기라는 말이 있습니다. 친구의 성공과 출세를 내 일처럼 여길 수 있다면 우리는 기꺼이 함께 축배를 들 수 있을 것입니다. 그러기 위해서는 서로를 있는 그대로 깊이 있게 수용해야 합니다. 친구의 생각과 말, 행동을 내 기준으로 추측하거나 평가하지 않고 신뢰하는 마음으로 바라보고 기다려주도록 합니다. 마지막으로 소중한 존재로 여기며 내가 먼저 존중하도록 합니다.

어떻게
사랑이 변하니?

낭만 실종 사건

일제 강점기 의병 활동을 다룬 드라마 〈미스터 션샤인〉의 남
자 주인공 최유진은 조국 조선에 대한 원망과 신분에 대한 증오
와 복수심으로 철저히 미국인으로 살아가는 인물이다. 그래서
드라마 초기에는 그가 얼마나 냉철하고 이성적인지, 쉽게 감정
에 휘둘리지 않는지를 표현하는 데 초점이 맞춰져 있었다. 하지
만 고애신이라는 연인을 만난 후 유진은 달라진다. 조선과 신분
에 대한 신념을 조금씩 내려놓고 자신의 감정에 책임지는 사람
으로, 사랑을 지키기 위해 전부를 거는 열정적인 사람으로 바뀐

다. 역시 사랑의 힘은 가히 짐작할 수 없는 뜨거운 것이라고 나는 생각한다. 철학자 니체도 '사랑으로 행해진 일은 언제나 선악을 초월한다'는 명언을 남기지 않았는가. 선혀 그럴 것 같지 않던 사람이 사랑 앞에서 쉽게 무너지거나, 반대로 엄청난 괴력을 발휘하기도 한다. 어쩌면 우리는 남녀 간의 사랑을 통해 가장 황홀하고 때로는 가장 고통스러운 인간관계를 경험하는지도 모르겠다. 기왕이면 이 아름답고 행복한 감정을 오래도록 지속할 수 있으면 좋으련만 사랑을 심화하고 유지하는 게 그리 쉽지만은 않다.

—— Y는 그날 밤 일을 없던 일로 되돌릴 수만 있다면 좋겠다고 바랐다. 요즘 자신이 여러 가지로 스트레스를 심하게 받아 하지 말았어야 할 실수를 한 것이니 한 번만 넘어가 주면 안 되겠냐고 붙잡고 매달려서 해결될 일이라면 기꺼이 그렇게 하고 싶었다. 하지만 Y의 이런 심정을 아는지 모르는지 연인은 그날 밤 이후로 연락이 되지 않았다. 너무 불안한 나머지 Y는 꺼져 있는 휴대전화에 전화를 걸고 또 걸었다.

Y는 여자 친구와 사귄 지 3개월이 되었다. 부드럽고 따뜻한 사람이었다. 늘 Y의 입장에서 생각하고 Y의 의견을 따라주었다. 그런 여자 친구와 함께 있으면 Y는 심리적으로 안정감을 느낄 수 있어서 편안했다. 그런데 불현듯 한결같은 여자 친구의 반응에 혹시 나를 사랑

하지 않는 것은 아닌지 걱정이 되었다. 뭔가 자기 혼자만 사랑하는 것 같아 억울했다. 그래서 확인해보고 싶어졌다.

"오늘 우리 뭐 할까?"

"오빠 하고 싶은 거 해."

"너는 뭐 하고 싶은 거 없어?"

"응. 나는 뭐…."

"그래? 뭐 먹고 싶은 거는?"

"오빠 뭐 먹고 싶은데?"

"그러지 말고 네 생각도 좀 말해줘 봐."

"지금 딱히 떠오르는 게 없는데…."

"휴, 너는 우리 연애에 관심이 있기는 하는 거냐? 뭘 만날 오빠 마음 대로 하래. 이제 좀 지친다. 배려심이 넘치는 거냐, 사랑이 없는 거냐? 싫은 사람 억지로 만나는 것처럼 도대체 뭐 하자는 거야. 나를 사랑하기는 하는 해? 이럴 거면 그냥 헤어져!"

처음에는 순종적인 모습이 좋아 사랑에 빠졌는데, 지금은 그 모습에 지치고 의심이 간다니…. 사랑은 역시 그로테스크하다.

과연 사랑은 무엇일까? 앞서 이야기한 친구 사이 우정과 남녀 사이 사랑은 서로에 대한 존중과 신뢰, 수용, 이해, 상호 협력적 측면에서 매우 유사하다. 우정과 사랑을 구분하는 결정적 요소는 바로 '열정'과 '보호'다. 흔히 사랑에 빠진 사람들은 '이런 감정 처음이야', '너를 위해서라면 하늘의 별도 달도 따줄 수 있어', '이 세상에 하나뿐인 존재지', '내 영혼의 반쪽'이라는 밀과 힘께 상대에 대한 신체적 매력과 호감, 성적 욕망 등을 갖는다. 상대에 대한 매력과 호감은 사랑을 시작하는 요소인 동시에 사랑을 지속시키는 주요한 요소가 된다.

보통 연애를 막 시작한 초기에는 Y와 같은 상황에서 아무런 불편함을 느끼지 못한다. 무엇을 하는지, 어떤 장소에 있는지 별로 중요하지 않기 때문이다. 하지만 시간이 흐름에 따라 열정은 점차 식게 마련이다. 연애 초기에 느꼈던 매력과 호감을 느끼지 못하게 되면서 급기야 만남을 지겨워하며 이별을 고민하기에 이른다. Y처럼 상대의 감정을 자꾸 확인하는 것으로 사랑 전선에 이상이 있는지 없는지 체크하기도 한다.

Y는 사랑에 대한 불안도가 높은 사람이다. 어쩌면 저렇게라도 해서 연인의 감정을 확인하고 싶었는지도 모른다. 어쨌든 그 순간 Y가 느끼는 감정을 상대도 동일하게 느끼고 있었다면 두 사람은 이별을 놓고 설전을 펼쳤을 것이다. 전혀 준비되지 않은 상태에서 Y가 일방적인 감정을 쏟아낸 것이라면 연인은 '이건 뭐지? 이게 이 오빠의 원래 모습인 건가?' 하는 의문과 함께 자신이 선택한 사랑에 실수가 있었던 것은 아닌지 스스로의 판단을 의

심하며 괴로워하게 된다. 사랑을 발전시키는 단계였기에 예상치 못한 연인의 태도에 서운함과 두려움 같은 부정적 감정을 경험했을 것이다. 특히 Y의 연인처럼 순종적인 기질의 성향을 가진 사람에게는 큰 충격으로 다가왔을 것이다. 영원할 것만 같던 사랑의 관계는 이렇듯 사소한 말 한마디와 순간의 감정 조절 실패로 엉켜버리기 일쑤다. 핑크빛 사랑은 이내 종잡을 수 없는 미궁 속에 빠지고 만다.

우리의 사랑은 영화 같았다

나쓰메 소세키의 소설 《그 후》는 대학을 졸업하고도 취직하지 않고 집안에 기대 유유자적 생활하는 고등유민高等遊民 다이스케라는 남자가 겪는 시대와 사회의 모순 그리고 사랑에 대해 쓴 책이다. 권태에 빠진 다이스케의 모습을 대변하듯 지나친 심미주의에 입각해 쓰였지만, 그 안의 컬러는 철저하게 배제된 채 전개된다. 마치 흑백 무성 영화 같은 느낌이랄까. 그런데 마지막 두 페이지를 남겨두고 사랑을 좇는 다이스케의 모습을 강렬한 빨간색의 우체통, 양산, 풍선, 차, 깃발, 전신주, 간판을 통해 묘사한다. 300페이지가 훌쩍 넘는 글에서 처음으로 색깔이 등장하는 장면이다. 나는 이 소설의 마지막 두 페이지만큼 강렬하게 남녀 간의 사랑이 무엇인지를 보여주는 작품은 없었던 것 같다.

Y에게 사랑은 그런 것이다. 무채색의 그림에 색깔이 하나 들어오는 낭만적 사랑 말이다. 연인과 하나가 되고 싶은 욕망과 강렬한 애착의 감정을 일으키는 사랑은 영원한 것이며, 한 번 뿐이기에 절대 헤어져서는 안 된다. 이별은 뭔가 부족한 사람들이나 겪는 것이다. 그렇게 사랑은 늘 뜨거워야 한다고 믿었다. 그래서 매번 확인하고 확인받고 싶어 한다. 자신이 사랑받고 있음을 느껴야만 하는 것이다. 이것은 로미오와 줄리엣, 이도령과 성춘향의 사랑이기도 하다. 빠르게 친밀감을 느껴서 깊은 연인 관계로 발전할 수 있지만, 그 온도가 빠르게 식어버린다. 낭만적 사랑은 매혹적인 만큼 불안정하다.

Y처럼 사랑에 대해 '사랑은 …해야만 한다'와 같은 비합리적 신념을 가지고 있으면 관계의 끈은 더욱 복잡하게 뒤엉킨다. 연인에게 실망하고 좌절하며 고통을 자초하는 이유는 사랑에 대해 과도하게 집착하거나, 상대가 원치 않는 무리한 요구를 하거나, 자기에게 유리한 기대를 높게 측정하기 때문이다. Y는 진짜 사랑한다면 상대에게 원하는 것을 조르기도 하고, 함께하고 싶은 것이 끊임없이 있어야 한다고 생각한다. 그러나 여자 친구는 반대였다. 그 결과 그날 밤 사건이 터져버린 것이다. 아직까지도 Y

는 자신이 집착적 반응을 보인 것은 아니라고 말한다.

　연인 관계도 일반적인 인간관계와 마찬가지로 마음을 터놓고 자신의 단점이나 약점을 두려움 없이 보여줄 수 있는 신뢰의 단계에 이르기까지 때로는 실망하고 속상해하며 많은 일을 경험하게 된다. 늘 기쁘고 즐거운 일만 있는 것이 사랑이 아니다. 진짜 사랑은 아주 다양한 색깔을 서로에게 비춰줄 수 있어야 한다. 어찌 보면 이번 사건이 Y와 여자 친구 사이를 오히려 단단하게 연결해주는 계기가 될 수도 있다. 두 사람 모두 위기를 해결하고자 하는 의지와 노력을 기울인다면 말이다.

　더불어 한 가지 Y가 알아두어야 할 점이 있다. 관계 발전에 있어서 두 사람의 속도가 맞지 않는 것도 갈등의 원인으로 작용한다는 점이다. 한쪽이 너무 뜨겁게 빠른 속도로 관계를 발전시키려 하면 상대는 자신의 경계가 무너지는 것이 불편해서 도망치고 싶어진다. Y의 여자 친구도 그랬을 것이다. 아직은 상대에게 긍정적 모습만을 보여주는 것으로 호감을 높이고 싶은 단계이기에 좋고 나쁨을 모조리 이야기하는 것은 부담스러워 말과 행동에 신경 쓰고 있었을 것이다. 연인을 만나서 즐겁고 설레지만, 동시에 약간의 긴장감을 유지했을 것이라는 뜻이다.

　Y는 우리의 사랑은 확실하니 모든 것을 다 꺼내 공유하자는

식으로 여자 친구를 채근했다. 여자 친구 입장에서는 갑자기 관계를 2단계 정도 혹 건너뛰는 것 같아서 데이트할 때면 긴장되고 거북했을 것이다. Y가 확인하려 드는 사랑이 속쇄처럼 느껴져 답답했을지도 모르겠다. Y는 일주일에 두 번씩은 만났는데 속도가 너무 느린 것 아니냐며 억울해할 수도 있다. 하지만 모든 인간관계에서 만남의 횟수가 관계의 발전을 대변하지는 않는다. 짧은 시간 안에 친밀한 애정 관계를 형성하는 사람이 있는 데 반해 그렇지 않은 사람도 있다.

내 사랑을 강요하는 방식으로는 관계를 발전시키는 것도, 뒤엉킨 관계를 푸는 것도 어렵다. 친구 관계를 발전시키는 것과 마찬가지로 적절한 자기 개방, 정서적 지지와 공감, 즐거운 경험 공유, 현실적으로 도움이 되는 상호작용을 통해 우선 친밀감을 높여야 한다. 그다음 연인 관계에서 허용되는 애정의 교환이 적절하게 이루어진다면 열정적이며 낭만적 사랑을 지속하기가 조금은 수월해질 것이다. 핑크빛 황홀한 사랑을 꿈꾸는 연애 초보들에게 물을 끼얹는 말이 될지도 모르겠으나, 세상에 영화나 드라마처럼 낭만 하나만으로 지속되는 사랑은 없다.

잘못된 시그널

20대 때 잠깐 알았던 남자가 있었다. 한 모임에서 알게 된 사이였다. 나와 그 남자는 두어 번 밥을 먹고 차를 마신 게 다였다. 둘 사이에 주고받은 대화도 아주 평범한 일상적인 내용이었다. 학교 다니는 것은 재미있는지, 앞으로 어떤 일을 하고 싶은지, 여행은 자주 하는지, 어떤 영화 장르를 좋아하고 어떤 책을 읽는지 등 일반적인 관계 형성을 위한 탐색에 불과했다. 흔히 말하는 썸을 탄 사이라고 할 수도 없었다. 그러나 상대의 생각은 달랐다. 그는 나와 연인 사이라고 착각했는지 혼자만의 일방적인 연애를 시작했고, 예상치 못한 행동으로 나를 난처하게 만들었다. 우리 둘은 특별한 사이가 아니라고 이야기해도 소용없었다. 조금씩 지쳐가던 나는 그냥 지켜보기로 했다. 그 스스로 포기하는 날이 오리라 기대했던 것이다.

그로부터 얼마 후 실제 내게 썸남이 생겼다. 한번은 썸남과 약속이 있어서 집을 나서는데, 그가 집 앞으로 찾아와 막 주차장을 빠져 나가는 내 차를 막아섰다. 나는 순간 이 사람과의 관계가 그냥 내버려두면 시간이 해결해주는 그런 간단한 문제가 아닐 수도 있음을 알아차렸다. 공포가 밀려왔다. 어떡해서든 그의 화를 누그러뜨려 돌려보내야겠다고 생각했다. 원망 가득한 눈빛으로 나를 쏘아보던 그를 데리고 근처 공원으로 갔다. 그의 첫 마디는 "사랑이 어떻게 변해?"였다. 나도 모르게 화가 났다. 우리는 사귄 적이 없으며, 고로 우리는 사랑한 적이 없다고 말해주었다. 자신을 비난하듯 쏘아붙이는 내 태도에 더 화가 난 그는 소리를 질러댔다. 나는 숨을 고른 후 그에게 물었다. 도대체 어느 시점부터 나와 사귀는 것으로 착각한 것이냐고. 그의 대답은 너무나 예상 밖이었다. "내가 6개월 정도 교환 학생으로 러시아에 가 있던 동안 러시아 전통 인형인 마트료시카를 선물로 보냈잖아. 그때 전화 통화하면서 네가 선물 받고 엄청나게 기뻐했던 거 기억 안나?" 그는 그것을 예스yes의 신호로 이해했던 것이다.

나는 순간 피식 웃음이 나왔다. 그가 이해할 수 있도록 내 감정은 아니었다고 가져다 붙일 수 있는 모든 이유를 대며 설명하고 또 설득했다. 하지만 그는 들으려고 하지 않았다. 그리고 만난 지 얼마 안 된 썸남에게 자신의 존재를 알리겠다며 협박 아닌 협박을 했다. 나는 신경 쓸 부분이 전혀 없었기에 그러라고 했다. 이제 와 돌이켜보면 나 또한 그 못지않게 사랑에 서툰 사람이었다. 결국 그는 썸남에게 자신의 존재를 알렸고, 대수롭지 않게 여겼던 썸남의 태도에 현실을 직시한 것인지 그 뒤로는 나를 괴롭히지 않았다. 가끔 매스컴을 통해 데이트 폭력과 관련된 기사를 접할 때면 나는 그가 떠올라 씁쓸한 표정을 짓게 된다.

사랑이 서툴러 연애가 매번 실패로 끝나고 마는 사람들이 있다. 말 그대로 그들은 서툰 것이다. 매력과 호감을 전달하는 것도, 상대의 사랑과 속도를 맞추는 것도, 위기의 상황을 해결하는 것도 서툴기에 사랑이 마냥 어렵기만 하다. 그런데 이런 사람들은 단순히 연애만 어려운 게 아니다. 가족과 친구 관계에서도 원활하지 못한 관계 패턴을 가지고 있을 가능성이 크다. Y가 그랬고, 나를 괴롭혔던 그 남자가 그랬다. 따라서 연애가 매번 실패로 끝난다면 냉정하게 내 일반적인 인간관계는 어떠한지 짚어볼 필요가 있다. 관계에 있어서 너무 큰 기대와 열망을 품은 것은 아닌지, 사랑에 대한 비합리적 신념은 없는지, 너무 주기만 혹은 받기만 하려고 했던 것은 아닌지, 가족에게서 경험한 마음의 상처를 한꺼번에 치유하고 싶은 욕심에 상대에게 너무 집착해서 부담을 준 것은 아닌지 돌아볼 수 있어야 한다.

연인 관계의 끈이 엉켜버리는 가장 큰 이유는 상대에게 잘 보이고 싶은 마음이 앞서 자신의 솔직한 감정을 숨기기 때문이다. 불안이 큰 사랑은 한쪽의 일방적인 희생을 강요하게 된다. 그것은 훗날 서로를 향한 수동적 공격의 씨앗이 되기도 한다. 영화 〈바람과 함께 사라지다〉의 스칼렛과 레트처럼 말이다.

사랑과 이별을 경험해본 사람이라면 분명 '사랑이 어떻게 변하니?'라는 말을 한 번쯤 생각하거나, 상대에게 직접 건네본 적이 있을 것이다. 이별의 위기를 극복하고자 애썼던 사람이라면 '사랑은 돌아오는 거야'라는 말을 가슴에 새긴 채 떠나버린 그 또는 그녀가 다시 돌아오기만을 간절히 바라며 눈물로 밤을 지새운 적이 있을 것이다. 사랑은 움직이는 것이다. 움직이는 것에는 매우 다양한 동기가 작동한다. 그리고 그 동기는 사람마다 모두 다르다. 어느 한쪽의 강요나 희생으로 결코 지속될 수 없다. 성숙한 사랑은 다름의 가치를 존중하고, 각자의 경계를 지켜주는 것으로부터 시작된다. 사랑에 앞서 '존중'의 무게를 견뎌주는 것이다.

함께 건너는

관계 브리지

완벽한 사랑이 과연 존재할까요? 미국의 심리학자 로버트 스턴버그는 완벽한 사랑은 '친밀감, 열정, 헌신'이라는 세 가지 요소가 정확한 비율로 균형을 갖는 것이라고 정의합니다. 다양한 사랑의 형태를 세 가지 요소로 구성된 삼각형의 모양과 크기로 구분해서 설명하죠.

우선 친밀감은 사랑의 따뜻한 측면입니다. 친구와의 우정 같은 것이죠. 이해를 바탕으로 서로를 가깝고 편하게 느끼며, 공유하는 부분이 많습니다. 원활한 의사소통, 긍정적 지지가 이에 속합니다. 두 번째 열정은 사랑의 동기적 측면입니다. 신체적(성적) 매력을 느끼고, 상대방과 함께 있고 싶고, 일체가 되고 싶은 강렬한 욕망을 일으키는 것입니다. 친밀감과 다르게 급속도로 발전하는 대신 그 지속력이 약합니다. 마지막 헌신은 사랑의 차가운 측면이자 인지적 측면입니다. 단기적으로는 상대를 사랑해야겠다고 결심하는 것과 장기적으로는 그것을 지키겠다는 행동적 표현으로, 선택과 결정 그리고 책임 의식과 연결되어 있습니다. 결혼과 같은 사랑의 약속, 맹세의 징표, 선물 교환, 주변 사람들에게 연인을 소개하는 것이 이에 속합니다.

로버드 스턴버그에 의하면 이 삼각형의 크기가 크고 정삼각형에 가까울수록 이상적 사랑을 뜻합니다. 당신의 사랑은 모양과 크기가 어떤가요? 균형을 이루고 있습니까?

혼자보다는
둘이 좋다

내 편인가? 남의 편인가?

한 기업의 퇴임식에 강연자로 초청받아 간 적이 있다. 40년의
직장 생활을 끝내는 남편을 축하해주기 위해 아내들도 함께하
는 자리였다. 퇴직자분들을 바라보자 그분들이 겪었을 긴 세월
의 수고스러움이 느껴져 가슴이 뭉클했다. 아무런 연관이 없는
내가 이렇게 애잔한데, 남편의 거친 손을 꼭 잡고 있는 아내의 기
분이 어떨지 감히 상상할 수 없었다. 동시에 '나도 언젠가 남편의
퇴직 자리에 함께하는 날이 올까?'라는 생각이 들었다. 그러자
주마등처럼 우리의 결혼 생활 장면이 하나씩 떠올랐다.

내가 심리상담 공부를 시작한 후로 우리 부부가 싸우는 일은 굉장히 드물었다. 물론 결혼 초에는 우리 부부도 참 많이 싸웠다. 그 싸움의 이유는 대부분 시부모님과 관련된 것이었다. 이 문제는 내 경우에만 해당하지는 않는 것 같다. 내가 만나는 내담자나 교육생들을 통해 "저희 부부는 시댁과 관련된 게 아니면 싸울 일이 없어요"라는 말을 자주 듣곤 하니 말이다.

—— A는 작년 추석 이후로 시댁에 가지 않고 있다. 모든 시댁 경조사에 빠지기로 남편과 합의한 것이다. 벌써 결혼 26년차인 A는 결혼해서 지금까지 시어머니로부터 좋은 소리를 들어본 적이 없다. 자신은 죽도록 열심히 잘한 것 같은데, 여전히 시어머니는 A에게 잘하라는 소리를 하신다. 작년 추석에는 뜬금없이 A를 불러 세우더니 "첫째한테 좀 잘해줘라!"라고 하셨다. 물론 말만 놓고 본다면 뭐 그리 화날 일도 아니다. 그저 형님에게 잘하고 서로 우애 좋게 지내라는 뜻이니 말이다. 그러나 그동안 시어머니가 A에게 쏟아냈던 말이 있다 보니 곱게 들리지 않았다. 아니 오히려 화가 났다. A는 진정어이가 없었다. 그렇게 집으로 돌아가는 내내 분을 삭이지 못한 A는 남편에게 이제 절대 시댁에는 가지 않겠다고 선언했다. 소리 지르며 화낼 줄 알았던 남편에게 "그래, 그렇게 해"라는 의외의 반응이 나와 A는 살짝 놀랐다.

사실 매번 명절 때마다 A가 음식 준비를 다 마치고 나면 형님은 오후 늦게 저녁이 다 되어서야 나타났다. A는 친정에 가지 못하고 있는데, 형님은 아침 수저를 내려놓자마자 친정으로 갔다. A는 결혼 생활 내내 자신이나 친정을 챙기기보다는 모든 것을 시부모님과 시댁에 맞췄다. 그다음 남편 그리고 아이들 순이었다. 그러다 보니 명절에 친정에 간 기억이 없다. 친정에 가려고 하면 시어머니는 갑자기 집 안 구석구석 수리해야 할 곳이 한둘이 아니라며 한숨을 쉬셨다. 그럴 때마다 효자 남편은 "집에 손볼 곳이 이렇게나 많은데 내가 봐주고 가야겠네. 처갓집은 다음에 가고, 오늘은 집에 좀 더 있자"라고 이야기했다. A는 화가 났지만, 늘 남편의 의견을 따랐다. 그렇게 자기 목소리 한 번 내보지 못하고 희생하며 살았건만 시어머니는 A의 사정 따위는 봐주지 않았다. 그런데 대놓고 형님만 챙기시니 A는 분노가 치밀어 올랐다.

시어머니가 형님을 챙기는 이유는 이랬다. 명절이라면서 형님이 가족들 선물을 챙겨온 것이다. 그것도 일일이 카드까지 써서 말이다. 시어머니 눈에는 첫째 며느리가 세심하게 가족들 선물까지 챙기는 마음씨 좋은 사람이지만, A의 눈에는 힘든 일은 모두 A에게 떠맡기고 그저 선물 몇 가지로 며느리 역할을 사는 수완 좋은 위선적인 사람으로밖에 안 보였다. 사실 이 모든 불행은 남편과 결혼했기 때문에 초래된 것인데도 남편은 아무런 중재자 역할을 해내지 못하니, 남편을 향한 배신감과 적개심은 시어머니를 향한 것과 별반 다르지 않았다. 그렇게 꽉 엉켜서 풀리지 않는 남편과 시어머니를 향한 분노의 감정이 A를 점점 우울하게 만들었다.

다행히 지금의 나는 이럴 때 어떻게 해야 하는지 잘 알고 있다. 하지만 예전의 나는 A처럼 어리석게도 상한 내 자존심만을 들여다보느라 남편의 감정은 살피지 못했다. 그저 남편은 제 역할도 제대로 못 하는 부족한 사람이라고 치부해버렸다. 늘 이 싸움에서는 나만이 온전한 피해자이자 약자라고 생각했다. 반대편에서 있던 남편도 충분히 고통스러웠으며, 이러지도 저러지도 못하는 자신이 비참하게 느껴져 우울한 날들을 보내고 있었음은 훗날 알게 되었다. 부부는 그런 것이다. 각자의 끈을 가지고 있음에도 불구하고 어느새 하나의 끈을 양쪽에서 잡고 있는 관계.

부부는 무엇으로 사는가?

사랑의 종착역을 흔히 결혼이라고 한다. 그런가 하면 인생의 시작을 결혼이라고도 한다. 연애할 때 밤이면 각자의 집으로 돌아서서 떠나는 헤어짐을 수도 없이 경험하며 그만 헤어지고 싶다는 생각이 들면 결혼을 결심한다. 사랑하는 사람의 얼굴을 자기 전과 일어난 후에 볼 수 있다는 것은 꿈 같은 일이고, 그것이야말로 인생에서 누릴 수 있는 가장 큰 행복이라고 믿는다. 그런데 웬걸, 막상 결혼을 해보면 낭만보다는 현실이 눈앞에 펼쳐진다. 당장 낯설기만 한 시댁 문화에 적응해야 한다. 물론 남편 입장에서도 처가 문화에 적응하기가 쉽지 않을 것이다. 하지만 우리나라는 '여필종부女必從夫', 아내는 남편의 뜻을 따라야 한다는 유교적 전통 사고가 여전히 만연한 곳이고, 아직까지는 여성의 희생이 더 강요되는 것이 사실이다. 여성의 시댁 적응과 남성의 처갓집 적응을 같은 수준으로 보기에는 다소 무리가 있다. 만약 "저기요, 작가님. 저희 집은 다른데요"라고 반박할 수 있다면 당신은 축복받은 결혼 생활을 시작했다고 말해주고 싶다.

A의 시댁 또한 A에게 암묵적으로 여필종부를 요구해왔다. A는 이제 그만 결혼 생활을 마감하고 싶다. 실제 통계청이 발표한 이혼 사유를 보면 성격 차이, 배우자 부정 다음으로 가족 간 불화가 높은 비중을 차지했다. 부부 간의 갈등뿐 아니라 넓은 의미에서 시댁 식구나 처갓집에 대한 불만을 포함하는 것으로, 이런 이유들이 부부 관계를 악화시키는 주요한 요인으로 꼽혔다. 나는 A가 20년이 넘도록 유지한 결혼 생활을 지금에 와서 왜 멈추려는

지 진짜 이유가 궁금했다.

솔직히 그동안 이혼 생각을 한 번도 안 한 것은 아니라고 했다. 다만 친정아버지 때문에 쉽게 이혼을 결정할 수 없었다. 친정아 버지는 늘 A에게 '여자가 참아야 한다'거나 '이혼만은 절대 안 된 다', '네가 선택한 결혼이니 끝까지 잘 살아야 한다'는 식으로 A 를 꼼짝 못 하게 만들었다. 이혼은 친정아버지의 말을 거역하는 일이었고, 이는 곧 강한 죄책감을 불러일으킬 것이 뻔했다. 그런 데 얼마 전 친정아버지가 돌아가셨다. 이제 누구도 A를 비난하 거나 헐뜯지 못할 것이라며, 이혼을 전보다 적극적으로 고려한 다고 털어놓았다.

26년의 결혼 생활 동안 자신의 목소리 한 번 내본 적 없이 쥐 죽은 듯 살았던 한 여성이 이혼을 통해 진짜 삶을 살아보겠다는 결심에 이혼을 말릴 수는 없겠다 싶었다. 그러나 이혼을 진지하 게 고민하던 A는 어느 날 이대로 이혼하는 것은 바보 같은 짓이 며, 이혼할 생각이 더는 없음을 밝혔다. 시어머니 때문에 이혼을 결심하는 것이 아무리 봐도 자존심 상하고 억울하다는 것이다. 결혼은 어차피 남편과 A, 자녀가 주체가 되어 가정을 꾸려가는 것이고, 시어머니야 안 보면 크게 스트레스를 받을 일이 없는데 굳이 이혼할 필요가 있을까 회의감도 들었다고 했다. 결국 A는 당분간 시댁을 가야 하는 스트레스에서도 해방되었으니 좀 더 참아보겠다고 했다. 나는 이번에도 A의 생각을 존중해주었다.

그래도 여전히 화나고 억울한 마음이 들어 괴로워하는 A에게 "당신이 가장 받아들이기 힘든 것이 무엇인가요?"라고 물었다. A는 시어머니와 관계에서 문제가 생기면 뒤로 한 발짝 물러나 A와 시어머니를 구경하듯 바라보는 남편이라고 했다. 작년 추석 A가 이제 다시는 시댁에 가지 않겠다고 선언했을 때 남편에게 기대했던 반응은 "그래, 그렇게 해"가 아니라 "당신 그동안 고생했어", "당신 기분 나빴지?", "당신이 이것저것 준비하느라 많이 고생했는데, 진짜 내가 다 속상하다"였다. 부부 관계의 불만족은 이렇듯 배우자에게 기대되는 역할이 제대로 수행되지 않다고 느껴질 때 발생한다. 따라서 중요한 것은 서로에게 무엇을 기대하고 있는지 알아차리는 것이다. 혹은 알아차릴 수 있도록 말해주는 것이다.

사랑의 언어부터 확인하라

인생을 외롭지 않게 살아가기 위해 반드시 필요하다고 했던 네 가지 가족적, 낭만적, 사교적, 작업적 동반자 중 낭만적 동반자는 결혼을 기점으로 사라진다고들 한다. 그러나 나는 그렇게 생각하지 않는다. 스킨십을 유도하는 배우자에게 "가족끼리 왜 이래?"라고 말하거나, "의리로 사는 거죠"라고 부부 관계를 정의 내리는 사람보다는 연애 시절의 낭만을 잃지 않고 표현하는 사람이 좋은 관계를 계속 유지할 수 있다. 즉 부부의 가족적 동반자 속에는 낭만적 동반자가 공존해야만 한다.

2년 전 남편과 대학로 공연장에서 모노드라마 뮤지컬 〈마흔 즈음에〉를 본 적이 있다. 가수 채환이 故김광석과의 에피소드를 구수한 입담과 함께 노래로 들려주는 공연이었다. 공연 도중 채환은 김광석의 〈어느 60대 노부부 이야기〉를 부른 뒤 관객들에게 한 가지 부탁이 있다고 했다. 부부가 함께 온 경우 서로의 손을 잡고 마주보며 "당신이 내겐 가장 소중한 사람입니다"라고 말해보라는 것이다.

사실 우리 부부는 평소 대화도 많고, 애정 표현도 숨기지 않고 하는 편이어서 그리 어렵지 않은 미션이라 판단했다. 곧이어 낮게 깔리는 음악, 다소 어두운 조명까지 뭔가 매우 감미로운 분위기가 의도적으로 조성되었다. 그러자 결코 기대하지 못했던 감동이 밀려왔다. 침묵 속에서 잠시 몇 초간 바라본 남편의 눈은 내게 많은 것을 말하고 있었다. 나 또한 남편을 바라보며 '고생 많았어', '고마워', '사랑해'라고 마음을 전했다. 나중에 물으니 남편도 같은 마음을 전했다고 했다. 부부간 마음을 표현하는 일이 얼마나 중요한지 체험하는 귀한 시간이었다.

　사랑의 종착역으로 선택한 결혼에서 이혼을 결정하는 이유로
많은 부부가 성격 차이를 든다고 한다. 그러나 전문가들의 의견
은 다르다. 성격 차이가 없는 부부는 없으며, 이혼을 결정하게 만
드는 가장 큰 이유는 의사소통 방식에 문제가 있기 때문이다. 이
혼에도 트렌드가 있다고 하는데, 최근 이혼 신고는 남성보다 여
성이 요구하는 경우가 많다. 특히 40퍼센트 이상이 신혼부부보
다는 중년의 부부라고 한다. 부부 관계 만족도 조사를 보더라도
20대에 가장 높았다가 30~40대로 갈수록 점차 줄어들어 50대
에 가장 낮아진다. 남편들은 돈을 안 벌어다 준 것도 아니고, 술
을 마시고 폭력을 행사하거나 바람을 피운 적도 없는데 자신이
왜 이 나이에 이혼을 당해야 하는지 모르겠다고 억울해하기도
한다. 표면적으로 문제가 보이지 않는다고 해서 진정 아무런 문
제가 없는 화목한 부부로 봐야 할까? 이것은 마치 잔잔한 호수에
유유자적 떠 있는 백조와 같다. 보이지 않는 수면 아래에서 분주
하게 움직이는 백조의 발처럼 수십 년 동안 표현하지 못하고 차
곡차곡 쌓아둔 내면의 상처가 깊어진 것이다.

　미국 워싱턴 의과대학 존 가트맨 박사는 '러브 맵love map'이라
는 방을 만들어 참가자들을 집에서와 똑같은 방식으로 생활하게

하고, 그 모습을 비디오로 촬영해 관찰했다. 연구는 36년에 걸쳐 3,000쌍의 부부를 대상으로 진행되었다. 이혼을 결정한 부부의 약 94퍼센트에서 공통적으로 발견된 점은 서로의 마음을 할퀴며 관계를 망치는 대화법을 사용한다는 점이었다. 그들이 사용한 대화법은 '비난, 방어, 경멸, 담쌓기'였다.

"당신이 도대체 집에서 하는 일이 뭐야? 경조사 챙기는 게 뭐 어렵다고."(비난)

"집안일이 얼마나 힘든 줄 알아? 신경 써야 할 게 한둘이 아니라고."(방어)

"당신은 잘나고 똑똑하니 앞으로 당신이 다 챙기면 되겠네. 얼마나 잘하는지 내가 지켜볼 거야!"(경멸)

"입은 살아가지고. 그게 집에서 살림하는 사람이 할 소리냐!"(담쌓기)

존 가트맨 박사는 이와 더불어 사람에게는 '인정하는 말, 함께하는 시간, 봉사, 선물, 스킨십'의 다섯 가지 사랑의 언어가 있으며, 그중 자신이 원하는 사랑의 언어가 충족될 때 행복감을 느낀다고 했다. 어떤 사람은 선물 받을 때 행복감이 크다면 어떤 사람은 선물보다는 스킨십을 통해 사랑받고 있음을 확인하고 행복감을 느낀다는 것이다. 여성은 사랑의 언어로 주로 함께하는 시간, 봉사, 선물을 선택한 반면에 남성은 인정하는 말, 스킨십을 선택했다. 그러니 겉으로 보기에 관계에 뒤엉킨 부분이 없어도 자신이 원하는 사랑의 언어가 충족되지 못하면 상대에 대한 불만이 커지면서 관계의 거리가 점점 멀어지게 된다.

결혼기념일에 아내가 바라는 것은 선물보다는 남편과 함께 이야기를 나누고, 재미있는 영화 한 편 보는 것이다. 그러나 아내의 마음을 알 턱이 없는 남편은 값비싼 보석을 내놓는다. 소위 삽질을 한 셈이니 남편 입장에서는 억울하고, 아내 입장에서는 서운하고 속상하다. 부부 관계의 끈이 엉켜버리는 것이 싫다면 나와 배우자가 원하는 사랑의 언어가 무엇인지를 확인한 후 그것을 교환해보자. 사랑이 더욱 돈독해질 것이다.

함께 건너는

관계 브리지

개인이 지닌 자기개념은 관계를 유지 또는 해체하는 데 가장 큰 원인으로 작용합니다. 자신에 대한 긍지나 자부심이 낮은 사람은 스스로에 대한 존재 가치와 중요성을 느끼지 못하기에 배우자를 통해 이 부분을 채우려 하는 경우가 있습니다. 그러나 이같은 행동은 상대에게 지나치게 의존하거나, 비합리적 기대를 만들어 갈등을 유발합니다. 자신의 기대만큼 충족되지 않을 때 실망, 분노, 좌절감을 느끼게 되면 상대를 비난하는 것으로 상처를 주죠. 대치적인 정서 상태가 길게 이어지면 부부는 지치게 되고, 이혼을 생각하기도 합니다.

보통 부부 관계에서 권태기가 찾아오는 시기는 출산과 육아로 싸움이 잦아지는 5~7년 차와 직장, 자녀의 학령기, 부모의 부양과 같은 이슈가 복합적으로 발생하면서 자연스럽게 서로에 대한 열정적 감정이 한풀 꺾이는 15년 차 전후라고 합니다. 권태기 없이 좋은 부부 관계를 유지하고 싶다면 서로에 대한 관심을 가지며, 그 안에서 발견된 배우자의 장점을 칭찬해줘야 한다고 전문가들은 조언합니다.

존 가트맨 박사의 연구를 보면 화목한 가정을 유지하며 살아가는 부부일수록 긍정적 대화를 많이 나누었습니다. 또한 서로에 대한 칭찬과 비난의 비율이 5:1로 안정적이었죠. 반대로 관계가 불안정하고 이혼 갈등을 경험하는 부부는 0.8:1의 비율로 대화 속 칭찬과 비난의 수준이 동일하거나, 비난이 조금 더 높은 것으로 확인되었습니다. 관계가 안정적인 부부들은 배우자와 함께 기뻐할 기회를 찾아 칭찬하고 감사를 표현하는 데 집중하는 반면에 관계가 불안정한 부부들은 서로의 실수와 잘못에 집중해서 자연스럽게 비난의 말을 대화 중 많이 쏟아냈습니다.

깨가 쏟아질 만큼 열정과 친밀도가 높은 관계를 만들기 위해서는 긍정과 부정의 비율이 20:1 정도는 되어야 한다고 합니다. 습관적으로 눈에 보일 때마다 배우자의 장점을 찾기 위해 노력해야 한다는 결론이 나옵니다. 부부의 문제가 곧 가정의 문제가 될 수 있음을 기억한다면 장점 찾기가 그리 어렵지만은 않을 것입니다.

더 멀어지기 전에
알아야 할 것들

뒤바뀐 역할

—— G에게는 초등학생 아들이 한 명 있다. 어느 날 아들과 함께 놀이터에 갔는데, G의 아들과 또래 아이 사이에 작은 실랑이가 벌어졌다. 상대측 아이의 부모는 다짜고짜 G의 아들이 자신의 자녀를 귀찮게 하는 바람에 하마터면 위험에 빠질 뻔했다며 사과를 요구했다. 시끄러워지는 것이 싫었던 G는 어떤 상황인지 확인도 해보지 않고 그 자리에서 바로 사과했다. 벤치에 돌아온 아들은 억울하다는 표정을 지으며 G를 원망스러운 눈으로 바라보았고, 이내 눈에서는 굵은 눈물이 뚝뚝 떨어졌다. 당황한 G는 그제야 아들에게 무슨

일이 있었는지 물었다. 이야기를 들어보니 오히려 상대측 아이로 인해 G의 아들이 위험에 빠질 뻔한 상황이었다. 그러나 이미 상황은 종료되었고 다시 따져 물은들 바뀔 것도 없었기에 G는 그저 "이미 끝난 일이니 네가 그냥 참아"라고 아들을 토닥이는 것으로 정리했다.

늘 이런 식이었다. G는 타인과의 관계에서 자신의 주장을 내세우기보다는 그저 따라주었다. 불필요한 갈등에 휩싸이는 것을 몹시도 싫어했다. 타인을 배려하지 않고 원하는 바를 채우는 것은 나만 생각하는 이기적인 행동이고, 그렇게 되면 반드시 누군가가 상처받기 때문이다. G에게는 합리적으로 잘 대처했다고 기억되는 이날이 아들에게는 큰 상처가 되었을 것이다. 엄마가 보여준 태도에 G의 아들은 크게 실망할 수밖에 없었고, 이는 엄마로부터 부당한 대우를 받았다는 느낌으로 연결된다. 또한 비슷한 상황이 반복될 경우 부모 자녀 관계의 끈을 엉클어뜨리는 갈등의 요소로 작용한다. 보통 자녀는 부모로부터 무시당하거나 형제간의 차별, 무관심, 정신적·신체적 폭력, 경제적 무책임을 경험하면 부모를 향해 부정적 감정을 품게 된다. 이 사건 속 G의 자녀는 과연 누구인가? 나는 이 이야기를 처음 들었을 때 상대측 아이가 G의 아들 같다는 생각마저 들었다.

우리가 어떤 일이나 연구를 처음 맡게 되었다고 가정해보자. 무엇을 참고하겠는가? 선연구 자료나 전년도 사업계획서가 될 것이다. 그렇다면 우리가 인생에서 처음 맡게 되는 부모의 역할은 무엇을 참고해서 해내고 있는 것일까? 바로 내 부모다. 더 정확히 내가 성장하며 경험한 부모의 양육 태도 안에서 주고받았던 상호작용의 결과가 내 기억 속에 존재하는 것이다. G가 타인과의 관계에서 패자의 위치에 서려고 하는 심리적 요인은 어디에서 비롯된 것일까? 일반적으로 부모 자녀 간 갈등에서 가장 많이 다루어지는 사례는 부모의 통제적이고 지배적인 모습이다. 그러나 꼭 이런 경우에만 갈등이 생기는 것은 아니다. 지나치게 자녀에게 의존하며 부양의 책임을 부여하는 경우에도 갈등이 생긴다. 다음은 G의 부모 이야기다.

—— G는 가난한 가정의 외동딸로 태어났다. G의 부모는 경제력이 없었고, G가 빨리 성인이 되어 취직하기만을 바랐다. 대학 졸업 후 G가 취직하자 부모는 그 누구보다 기뻐했지만, G에게는 그 기쁨이 절대 고맙지 않았다. 부모가 제일 먼저 한 일은 G의 월급 통장 관리였다. 그렇게 G는 최소 생활비를 뺀 나머지 전부를 부모에게 보냈다. 그야말로 가장이 된 것이다. 자신의 적성과 전혀 맞지 않는 일을 단지 돈을 벌기 위해 해야 했다. 몇 년을 그렇게 버티다 숨 쉴

수 없을 정도로 힘이 들었던 G는 처음으로 자신만을 위한 이기적인 선택을 해보기로 마음먹었다. 퇴사 후 하고 싶은 공부를 위해 서울로 무작정 떠났던 것이다. 부모는 그녀를 비난했다.

혼자만의 외로운 타향살이를 하던 어느 날 용기 내서 집으로 전화를 걸었고, 어머니와 잠시 통화할 수 있었다. 그런데 어머니는 그녀의 말은 한마디도 듣지 않은 채 "너는 이제부터 내 딸 아니야. 가족버리고 혼자 잘 살겠다고 도망친 년이 전화는 왜 해! 전화도 하지마!"라며 일방적으로 전화를 끊어버렸다. G는 그날 밤 고시원으로 들어와 가슴을 부여잡고 울어야만 했다. 정말 어머니 말대로 자신은 가족을 배신한 나쁜 사람이라는 생각이 들었다. 그날 이후로 돌덩어리 하나가 가슴에 박혀 있는 것처럼 아팠다. 부모의 말을 거역하는 것은 나쁘며, 내가 원하는 욕구를 추구하는 것은 누군가의 마음에 상처를 주는 것이라는 신념도 생겼다. 결국 공부를 중단하고 다시 취직한 G의 월급 통장은 부모의 차지가 되었고, 고달픈 자신의 마음은 누구에게도 터놓지 못한 채 그저 견뎌야만 했다. 시간이 흘러 G가 결혼하겠다고 하니 이번에도 부모는 그녀를 비난했다. G는 마치 자신이 어린 자녀를 버리고 도망친 못된 엄마가 된 것 같아 극심한 죄책감에 시달려야 했다.

G는 자신의 경계를 지키며 독립적으로 살아가고 싶지만, 동

시에 그러면 안 될 것 같은 죄책감이 강하게 올라온다고 한다. 그래서 자신의 감정이나 생각을 드러내는 것은 누군가를 아프게 하는 것이라고 치부해버린다. 모든 관계에서 늘 약자와 패자의 자리를 자처하고, 자신이 잘못한 일이 아닌데도 먼저 사과한다. 사람들 사이에서 쩔쩔매는 자신이 요즘은 안쓰럽기까지 하다. 무엇보다 신경 쓰이는 점은 이런 엄마의 태도에 실망이 컸던 아들이 G를 멀리하기 시작했다는 점이다. 부모와의 관계에서 경험했던 섭섭한 감정을 아들과의 관계에서 반복해서 느끼고 싶지는 않다. 그러나 G는 자신이 없다.

Be yourself, 너 자신이 되어라

'꼰대'라는 말을 들어보았는가? 요즘 젊은 세대들은 노인을 비롯한 윗세대를 가리켜 꼰대, 불편, 뻔뻔, 초라, 구질, 답답 등으로 굉장히 폄하해서 말하곤 한다. 그런데 그들의 표현이 불편하면서도 한편으로는 이해되기도 한다. 간혹 주변에는 본보기가 되기는커녕 눈살을 찌푸리게 하는 꼰대스러운 어른도 있기 때문이다. 돈을 너무 밝힌다거나 자식에게 일방적인 희생을 강요하고, 나이를 계급처럼 여겨 시도 때도 없이 훈계를 일삼는 부모 세대가 이에 속할 것이다.

필리핀으로 여행 갔을 때 일이다. 섬 나라여서인지 여행에서 주로 할 수 있는 것이 물놀이밖에 없었다. 수영할 줄 모르는 나는 바람이 차갑게 부는 바닷가 근처 호텔에서 네스트레스트_{nestrest}, 일명 라탄 흔들 그네 의자 속에 들어가 앉아 있었다. 강한 바람을 감쪽같이 막아주어 보호막 안으로 들어와 있는 듯한 느낌을 받았다. '새들이 둥지 속에 들어가 있으면 이런 느낌이겠구나' 하는 생각도 들었다. 오픈된 장소임에도 불구하고 나만의 영역이 생긴 것 같은 아늑함에 빠져 그렇게 한참을 있었다.

사람은 누구나 자기 보호를 위해 무의식적으로 자신의 것이라 여기는 일정한 공간, 즉 남에게 침범당하고 싶지 않은 무의식적 자기 경계선인 퍼스널 스페이스_{personal space}를 지니고 있다. 인류학자 에드워드 홀에 따르면 퍼스널 스페이스는 나와 상대와의 친밀도에 따라 그 거리의 폭이 달라진다. 연설이나 강연 장소에서의 거리는 360cm, 직장과 같은 사무 공간에서 동료들과의 거리는 120~360cm, 친한 친구 관계의 개인적 거리는 46~120cm, 마지막으로 연인이나 부모 자녀에 해당하는 친밀한 관계의 거리는 15~46cm 정도가 가장 적당하다고 한다. 그래서 우리는 많은 사람이 밀집된 곳에서 낯선 사람들과 부딪히거나 거리가 좁혀지면 긴장하고 거부감을 느끼게 되는 것이다.

나와 타인 그리고 세상은 그것이 가족이라 해도 결코 한 덩어리가 될 수 없다. 서로를 구분 짓는 경계선 안에서 독립적으로 존재해야만 편안함을 느끼게 되는 것이다. 때때로 우리는 원치 않게 경계선을 침범당하고, 그 침범을 행하는 상대가 부모인 경우를 종종 볼 수 있다. 부모 자녀 관계는 가장 사랑이 넘치기도 하고 워낙 밀착된 관계이다 보니, 경계의 침범 또한 아무런 문제의식을 느끼지 못하는 상태에서 이루어지기 일쑤다. G의 부모가 바로 이 경우였다고 말할 수 있겠다.

"다 너 잘되라고 하는 소리야"는 부모 자녀 관계에서 흔히 듣는 말이다. 부모와 자녀는 적어도 20~30년의 나이 차이가 난다. 당연히 부모는 자신이 경험한 성공과 실패, 행복과 불행이라는 양면을 자녀에게 전수해주고 싶어 한다. 물론 아동기까지는 자녀 또한 부모에게 온전히 의존하는 시기이기에 큰 갈등 없이 부모의 생각대로 자녀를 통제할 수 있다. 하지만 청소년기에 접어들면서부터 자녀는 자율적인 존재로 독립하기를 원한다. 이때 부모가 여전히 통제하고 지배하려 들면 관계의 끈은 엉켜버리기 시작한다. 지나친 보호나 통제, 무관심하게 방치하는 것 모두 실패할 가능성이 크다. 자녀는 부모가 원하는 세상을 살아주는 도구나 수단이 아니다. 살아 있는 하나의 인격체로 인정하고, 무언가를 해냈을 때뿐 아니라 태어난 존재 자체만으로 사랑을 줘야 하는 대상인 것이다.

비폭력 대화의 창시자로 잘 알려진 마셜 로젠버그는 부모가 자녀에게 해서는 안 되는 것으로 옳고 그름, 정상과 비정상, 선악 등으로 구분 짓는 평가의 언어를 꼽는다. 흔히 자녀를 키우는 부모는 아이의 행동을 통제하는 방법으로 잘한 것에는 보상을, 잘못한 것에는 처벌을 하는 양육 방식을 택한다. 이 방식이 가장 단순하고 쉽기 때문이다. 게다가 아이를 아주 빠르게 길들일 수도 있다. 문제는 이런 보상과 처벌을 양육 수단으로 삼을 경우 자칫 보상에만 의존하는 사람이 될 수도 있다는 점이다. 어떤 행동을 스스로 선택하고 의미를 추구하는 것이 아니라 타인에게 좋은 사람이라고 인정받기 위해서, 무엇인가 물질적 보상을 받기 위해서 행동하게 된다는 것이다.

'이건 좋은 거고, 저건 나쁜 거야'라는 부모의 이분법적 사고는 자녀를 타인의 시선과 평가에 늘 신경 쓰는 사람, 좋은 평가를 받기 위해 눈치를 살피는 불안도가 높은 사람으로 성장시킬 수 있다. 사실 부모가 자녀를 격려하고 칭찬하는 가장 큰 이유는 자존감을 높여주기 위해서다. 그런데 보상과 처벌 방식은 '얻을 가치가 있다'는 사고가 바탕에 깔려 있는 탓에 스스로를 정해진 틀에 규정짓고 단정하는, 유연하지 못한 대인사고를 갖게 한다.

이처럼 그 형태가 사랑이든 폭력이든 부모 자녀 관계의 경계선이 무너지는 순간 우리는 누구 한 사람의 지배와 통제를 받게 되고, 침범당한 자율성으로 가슴을 짓누르는 고통을 경험하게 된다. 따라서 부모라는 거역할 수 없는 이름을 통해 자녀의 경계선을 보호해주지 못하고 침범하고 있는 것은 아닌지 살펴봐야 한다. 물론 서로가 지켜줘야 하는 이 경계선을 무너뜨려야 할 때도 간혹 있다. 부모 자녀 간 세대 차이로 전혀 공감대가 형성되지 않고 갈등의 골이 깊어질 때는 과감하게 경계선을 넘어가 봐야 한다.

친정엄마는 올해 일흔이다. 시골에서 농사만 짓고 살았던 분이 스파게티를 참 좋아하신다. 그저 내가 기억하는 엄마는 잔치국수를 좋아하시는 분이었는데, 어느 날 사위가 집에서 스파게티를 한번 해드렸더니 처음 보는 맛이라며 무척 좋아하셨다. 그 뒤로 외손녀딸과 심심하면 가장 익숙하게 해먹는 음식이 스파게티가 되어버렸다. 서로의 삶을 보여주지 않으면 이해할 수 없는 관계가 부모 자녀다. 세대 간의 격차가 더 벌어지기 전에 경계선을 넘어가보는 아름다운 도전을 해보기를 바란다.

인생의 롤 모델이 되어주는 것

태어나 최초로 맺는 인간관계

가입과 탈퇴가 불가능한 인간관계

혈연으로 이루어진 가장 일차적인 인간관계

수직적이며 종속적인 인간관계

눈치챘는가? 위 사항은 부모 자녀 관계의 특징을 설명하는 것들이다. 우리는 연습 없이 태어나서 실습 없이 각자에게 주어진 인생을 살아간다. 나 또한 태어나보니 부모가 있었고, 언니와 오빠가 있었다. 부모로부터 관계에 대한 공식을 배운 적은 없다. 겨우 스물예닐곱 채 가구가 전부였던 동네에서 삼 남매는 매년 새해 아침이면 한복을 차려입고 할머니, 할아버지가 살고 계신 집들을 찾아 세배를 다녔다. 가끔씩 제사떡을 돌렸고, 여름이면 밭에서 막 따온 수박을 빈집의 마루에 놓고 오기도 했다. 듣고 싶지 않아도 뒷집의 둘째가 어느 대학에 입학했는지, 남편과 사별한 후 길 건너에 사는 아주머니가 왜 재혼하지 않는지를 들었다. 아빠는 화장은 고사하고 매일 수건을 머리에 둘러쓰고 뙤약볕 아래 일하는 엄마를 굳이 시내의 양장점까지 데리고 가서 옷을 맞춰주었고, 어느 날은 허리가 아파 움직이기 힘들다는 엄마를 등에 업고서라도 동네 사람들과 함께 떠나는 여행에 데리고 갔다. 그 시절 나는 동네의 누구 집이라도 아무 때고 대문을 열고 들어갈 수 있었고, 예절이라는 명목하에 마음에 내키지는 않아도 시키는 것을 따라야 할 때도 있었다. 어느 것은 개인의 경계를 모호하게 만들었고, 어느 것은 '…해야만 한다'는 믿음을 갖게 했다. 내 부모님이 의도했든 하지 않았든 간에 이것이 내가 배운 관계 맺기의 시작이었음을 성인이 된 후에야 깨달았다. 부모와 자녀는 가족이라는 울타리 안에서 관계를 맺어 살아가고 세대를 이어 가며 세습되는 것이다.

2차 세계대전을 배경으로 참혹한 수용소 안에서 사랑하는 가족을 끝까지 지켜낸 아버지의 위대한 사랑을 다룬 영화 〈인생은 아름다워〉는 내가 뽑는 최고의 영화 중 하나다. 영화 속 명장면이 참 많았는데, 그중 내가 기억하는 최고의 명장면은 아들 조수아에게 참담한 수용소 생활을 알리고 싶지 않았던 주인공 귀도가 아들을 위해 펼친 행동들이었다. 수용소에서 팀을 나눠 탱크를 걸고 게임하고 있다며 거짓말을 하는 장면, 작은 서랍 안에 아들을 숨기면서 이것은 숨바꼭질 게임이고 끝까지 술래에게 들키지 않으면 우리 팀이 이겨 탱크를 선물로 받을 수 있을 거라며 우스꽝스러운 걸음걸이로 처형장으로 향하는 장면. 아들이 기억하는 아빠의 마지막은 귀도의 바람대로 환한 미소가 되었다. 몇 번을 다시 봐도 볼 때마다 폭풍 오열하게 되는 장면들이다.

귀도 자신도 매일 죽어 나가는 시체들을 보며 너무 무섭고 끔찍했을 것이다. 그렇다면 벼랑 끝에 서서 위태로운 죽음의 공포 속에서도 발휘되는 귀도의 재치는 오로지 그만이 해낼 수 있는 타고난 기질 덕분인 것일까? 아니면 아버지라는 역할이 지니고 있는 사랑의 힘이 만들어낸 것일까? 아들 조수아의 독백을 통해 끔찍했던 그날의 기억은 아버지의 희생 이야기이며, 그것은 아버지가 주신 귀한 선물임을 알게 된다.

부모가 자녀에게 줄 수 있는 최고의 선물은 무엇일까? 자녀를 향한 사랑과 희생이라고 영화는 말해준다. 더불어 부모가 세상을 바라보는 긍정적 관점이 얼마나 중요한지 이야기해준다. 실제 부모의 정서가 자녀의 정서에 미치는 영향에 관한 조사를 보면 부모가 그냥 습관적으로 하는 '살기 싫다', '짜증 난다'는 식의 비관적 언어가 자녀와 주변 가족으로 하여금 우울, 불안장애, 우발적인 폭력성을 증가시킨다고 한다. 뭔가 거창하고 큰 것을 해줘야만 좋은 선물이 아니다. 부모 스스로 자신에게 주어진 인생을 긍정적으로 수용하고 대처하기, 그야말로 자녀의 첫 번째 인생의 롤 모델이 되어주는 것이 부모가 자녀에게 줄 수 있는 최고의 선물이자 유산일 것이다.

함께 건너는

관계 브리지

부모에게 적절한 보살핌과 사랑을 받지 못했다고 생각하는 것으로부터 생겨나는 부모 자녀 간 갈등은 부모에 대한 미움, 원망, 분노와 같은 적대적 감정을 품게 합니다. 그리고 이 같은 감정은 자녀의 전생애에 걸쳐 심리적 성숙과 성장, 사회 적응을 막으며 반사회적 행동, 위험한 성행위, 학업 실패, 약물 복용 등의 문제를 일으키기도 합니다.

현대 사회에서는 맞벌이 부부가 상당수입니다. 그들은 생활이 바쁘거나 다양한 스트레스를 받아서 자녀에게 관심을 기울일 만한 여력이 없다고 하소연합니다. 부모의 무관심과 방임적 태도는 자녀로 하여금 자주 결핍감과 고독감을 느끼게 하는데 말입니다. 자연스럽게 자녀는 가족 밖의 인간관계를 통해 허한 마음을 채우고자 애씁니다. 친구나 이성 관계에 많은 시간과 마음을 쏟게 되고, 기대했던 만큼 충족하지 못할 경우 심한 우울과 혼란을 경험하기도 합니다. 부모의 지나친 간섭과 통제도 문제가 되지만, 무관심과 방임 또한 경계해야 하는 갈등의 원인이 되죠.

다음은 내가 자녀에게 어떤 부모로 존재하고 있는지 간단히 확인해볼 수 있는 문항들입니다. 이 물음에 긍정적 대답을 했다면 당신은 좋은 부모일 것입니다.

- 자녀가 가깝게 지내는 친구를 거의 알고 있습니까?
- 자녀에게 애정 표현은 어떤 식(안아주기, 쓰다듬기, 칭찬하기 등)으로 하고 있나요?
- 자녀에게 "사랑한다", "좋아한다"는 말을 자주 하나요?
- 자녀의 감정과 생각을 잘 이해해주려고 했습니까?
- 자녀의 의견이 나와 다르더라도 자녀의 입장에서 끝까지 잘 들어주나요?
- 다른 형제들 또는 친구와 비교한 적이 있습니까?
- 자녀는 자신의 문제나 걱정거리를 부모에게 먼저 이야기하는 편입니까?

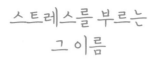

내 몫이 되어버린 억울함

—— V는 자신을 억울한 피해자라고 소개했다. 오래도록 준비해서 어렵게 들어간 직장이었다. 그러나 V는 취직하기 위해 공들였던 시간만큼도 채 근무하지 못하고 휴직계를 내기로 결심했다. 무엇이 V에게서 그런 결심을 하게 했는지는 정확히 알 수 없다. 다만 V는 충분히 힘들었고, 더 이상 버틸 수 없다는 말만 되풀이했다. V가 휴직계를 낸다는 소문이 부서 안에 나돌았고, 어느 날 선배 한 명이 V를 따로 불렀다. "V씨가 빨리 우리 회사에 적응하길 바라니깐 이런 말도 해주는 거야"로 시작한 선배의 조언은 정리하자면 '왜 이렇게

멘탈이 약하니? 그런 마음가짐으로는 어디에서 뭘 해도 성공할 수 없어'였다. 선배의 말을 들으며 V는 모욕감을 느꼈고, 조언이 아니라 조롱이라는 생각에 화가 치밀었다. 모든 사람이 똘똘 뭉쳐서 V를 주시하고 공격하는 것 같아 견딜 수 없었다. V는 억울했다.

이 일이 있기 얼마 전 V는 결재를 받기 위해 과장님의 자리로 갔다. 하지만 과장님은 다른 직원과 자리에서 이야기를 나누는 중이었고, V는 결재판을 든 채 한쪽에 서서 두 사람의 이야기가 끝나기만을 기다렸다. 꽤 시간이 지났는데도 이야기가 끝나지 않자 V는 결재판을 과장님 책상 한쪽에 붙어 있는 선반위에 올려놓고 옆에 서서 계속 기다렸다. 그런 자신의 태도가 과장님과 직원을 불편하게 했으리라는 것은 그 선배를 통해 듣고 나서야 알았다. 사실 V의 마음속에는 '결재가 더 중요하지 업무 시간에 사적인 이야기를 저리 오래 하는 것은 적절하지 않아'라는 생각이 더 컸다. 잠시 후 과장님과 이야기를 나누었던 직원이 자리로 돌아갔고, 갑자기 과장님은 V를 향해 큰 소리로 화를 내듯 말했다.

"V씨, 결재받으려면 결재판을 내려놓아야지 뭐 하는 거야!"

순간 너무 놀란 V는 과장님이 무섭게 느껴져 허둥대기 시작했다. 직원들 모두가 V를 한심하다는 듯 바라보는 것만 같아 얼굴이 화끈거렸다. 자신이 무시당한 것처럼 느껴져 분노가 솟구쳤다. 그렇게 불편한 하루하루를 버티다 더 이상 그 과장님을 보지 않아도 되는 곳으로 전근 신청을 해보기도 했다. 그러나 돌아오는 것은 부적 응자라는 꼬리표였다. 몇몇 동료들을 붙잡고 힘들다는 말을 안 해본 것은 아니다. 어느 직장에 가너라도 힘든 사람은 있게 마련이니 그냥 참으라는 말뿐이었다. 진심으로 V의 입장에서 이야기를 들어주는 사람도, 공감해주는 사람도 직장 안에는 없었다. V는 결국 자발적 아웃사이더가 되기로 마음먹었다. 일하는 시간을 제외하고는 이어폰을 끼고 음악을 들었다. 식사는 혼자 했다. 그게 편했다. 그러다 어느 날 직원들과 점심 식사를 하고 크게 웃으며 들어오는 과장님과 눈이 마주쳤다. 과장님은 엄청 즐거워 보였다. 잘못한 사람은 따로 있는데 자신만 피해를 보는 것 같아 억울한 감정이 올라왔다. 그렇게 V는 소심하게 감정을 억누른 채 그저 상황과 사람들 눈치를 살피는 비겁한 겁쟁이로 전락해버렸다. 이런 자신이 점점 더 비루하게 느껴져 견디기가 힘들었다.

V는 억울하고 화나는 상황을 해결하기보다는 회피하는 쪽으로 자발적 아웃사이더가 되었다. 그러나 순간순간 치밀어 오르는 화를 수용하지는 못했다. 상대를 욕하고 자신을 거부하며 밤마다 분노의 이불킥을 하고 있다. 직장 내 인간관계는 친구 관계처럼 자유롭지도 수평적이지도 못하다. 수직적 위계질서를 바탕으로 상하좌우 전방위에 걸쳐 위치한 사람들과 업무를 수행해야

하는 독특한 구조를 가지고 있다. 그러니 앞서 설명된 인간관계가 총망라된 곳이 직장이라고 해도 과언이 아니다.

V는 무척 괴로울 것이다. 그야말로 홀로 고립되어 있다. 어떤 정서적 지지도 받지 못한 채 혼자서 싸우고 있는 것이다. 하지만 V의 괴로움을 그의 말대로 겪지 않아도 됐을 상황을 운 나쁘게 겪고 있는 것으로, 그저 억울한 것으로 이해해도 되는지는 모르겠다. V가 직장에서 경험한 사건을 자세히 들여다보면 '조언이 아니라 조롱이었다', '똘똘 뭉쳐서 주시하고 공격했다', '한심한 듯 바라봤다'와 같이 확인되지 않은 내용을 마치 사실인 양 자신만의 방식대로 추측하고 있음을 알 수 있다. V는 자신과 다른 영역에 있는 사람은 무조건 배척하고 싶은 것이다. V에게는 그들이 비합리적으로 보이기 때문이다. 그래서 그 어떤 타협도 용인할 수 없다. 이대로라면 V와 동료들 사이 연결된 관계의 끈은 사정없이 뒤엉켜 나락으로 곤두박질쳐질 것이 뻔하다.

들키고 싶지 않은 '화'

프레드릭 배크만의 소설《오베라는 남자》는 다른 사람들과는 전혀 섞일 수 없는, 세상에서 가장 까다롭고 융통성이라고는 눈

곱만큼도 찾아볼 수 없는 고집불통 남자가 어느 날 옆집으로 이사 온 이웃 파르바네 가족을 만나며 사람들과 관계를 맺고 융합되어가는 과정을 다루고 있다. 오베는 지켜야 할 원칙이 정말 많은 사람이다. 자신이 선善이라고 믿는 이 원칙을 지키지 않는 다른 색깔의 사람들을 혐오하고, 머저리라고 간주한다. 예를 들면 오베는 늦잠 자는 사람을 절대 이해하지 못한다. 자신은 매일 아침 알람 없이도 정확히 6시 5분 전에 일어나고, 일어나자마자 늘 정확히 같은 양의 커피를 내려 마신다. 그리고 동네의 불법 주차된 차량들을 작은 수첩을 가지고 다니면서 꼼꼼히 기록한 후 차주에게 전화를 해서 표지판도 읽을 줄 모르냐며 지적한다. 쓰레기 분리수거를 어떤 집에서 지키지 않았는지도 체크한다. 한마디로 우리가 지키기로 한 아주 작은 약속 하나하나를 철저하게 지키고, 이를 지키지 않는 사람들을 가차 없이 비난하며 처벌받도록 확실히 행동한다.

　사람과 사람 사이에 이해하고 배려하며 지낼 수 있는 것들까지도 저울로 재듯 따져 묻다 보니 주변의 누구도 오베에 호의적이지 않다. 그런데 오베는 주변의 그런 반응이 고맙기만 하다. 사람들과 어울리는 것만큼 귀찮은 일은 없다고 여기기 때문이다. 어쩐지 외톨이로 살아가는 오베와 직장에서 자발적 아웃사이더로 지내는 V가 많이 닮았다는 생각이 든다.

사람들 대부분은 인생을 살아가는 데 자신만의 우선순위와 가치 기준을 가지고 있다. 나 또한 '평화, 나눔, 감사'라는 우선순위와 가치를 선택과 판단의 기준으로 삼고 있다. 그렇다고 해서 내 기준을 상대에게 강요하며 따르지 않는다고 비난하지는 않는다. 개인이 삶의 기준으로 삼고 있는 원칙들이 타인과 공유하는 영역 안으로 들어오면 적절하게 타협하고 더러는 희생해가며 조화를 이루어야 하는 것이다. 그런데 오베나 V는 그것이 어려운 사람들이다. 원칙을 따르는 것은 자기의 색깔을 유지하는 것이자 자존심을 지키는 유일한 방법이다. 그러니 원칙을 못마땅해 하거나 지키지 않는 사람들을 보면 화가 날 수밖에 없다. 오베와 V의 정서는 사실 외로움보다는 화일 가능성이 크다. 이 둘에게 타인과 융합되는 것은 자신을 버리는 것과 같기에 관계에서 스스로를 고립시키는 쪽을 택한 것이다.

오베와 V를 화나게 한 것은 과연 무엇일까? 어딘가 꽉 막혀버린 것 같은 사람들은 원래 타고난 기질이 그럴 수도 있지만, 대체로 그렇게 행동할 수밖에 없는 당위성을 만들어준 개인적 경험과 환경이 반드시 존재하게 마련이다. 오베는 열여섯 살에 마지막 가족이었던 아버지마저 세상을 떠나고 혼자가 된다. 아버지는 오베가 세상에서 가장 닮고 싶은 사람이었다. 그는 어떤 상황에서도 원칙과 도덕적 양심을 지키며, 이를 오베에게도 전수한다. 또한 원칙을 지키지 않았던 운전기사 때문에 사랑하는 아내 소냐가 사고를 당해 장애를 입게 되고, 배 속에 있던 아이마저 잃게 된다. 결국 오베가 지키는 것은 고리타분한 원칙이 아니라, 가족에 대한 사랑이며 의리였던 것이다.

V는 직장에서 타인과의 관계에 집중하고 친절을 베푸는 사람들을 볼 때면 시커먼 속마음을 감추고 있다는 생각을 한다. 지방이 고향인 V는 취직하면서 서울로 올라와 동생과 자취를 하고 있다. 동생은 V와 달리 쾌활한 성격에 늘 관계 속에서 시끄럽게 살아가는 사람이다. V가 매우 수수한 데 반해 동생은 화려하다. 성형 수술을 진지하게 고민할 정도로 외모에 관심도 많다. V 눈에는 그런 것이 모두 가면처럼 보인다. 겉모습은 화려하고 멋질지 몰라도 동생은 자기 방의 이불 하나를 스스로 개는 법이 없는 게으름뱅이고, 설거지나 청소 한 번을 도와준 적 없는 이기주의자다. 이 사실을 모르는 주변 사람들은 동생에 대해 인정과 칭찬을 아끼지 않는다. 심지어 V에게 동생을 보고 배우라는 소리까지 한다.

최근에는 연애를 시작하면서 점점 늦어지는 귀가 시간에 대해 언니로서 바로잡아줘야 할 것 같은 마음에 주의를 주었으나, 신경 끄라는 대답을 들었다. 동생의 어긋난 행동들이 점점 도를 지나치자 V는 부모에게 말해보기로 했다. 그런데 부모의 반응도 동생과 별반 다르지 않았다. V는 동생을 걱정하는 자신의 진심을 알아주지 않는 가족들이 원망스럽고 화가 났다. 그러고 보니 가족들은 의견이 충돌할 때마다 동생의 편에 섰고, V에게는 유연하지 못하다며 비난을 일삼았다. 집에서도 직장에서도 V의 의견은 받아들여진 적이 없다.

V는 세상 사람들 모두가 어쩜 이렇게 하나같이 어리석으며 비논리적일 수 있는지 이해하기 어렵다. 다들 당장 눈에 보이는 것만 믿으려 한다. 자신이 하는 말과 생각은 옳고, 타인이 하는 말과 생각은 가짜에 지나지 않는다. 그래서 아무리 노력해도 말이 통하지 않으니 자신이 떠나거나, 그럴 수 없다면 그냥 무시하며 살아가는 게 낫겠다고 판단한 것이다. V는 자신이 겪는 모든 갈등을 가해자와 피해자로 나누는 이분법적 사고로 접근했다. 이런 V의 태도가 동료들은 부담되고 불편하기만 하다.

미운 오리 새끼들의 반란

내가 어렸을 때는 18색 크레파스 정도면 세상을 모두 표현하는 데 충분했다. 하지만 요즘은 64색, 아니 72색 크레파스로도 부족한 것 같다. 심리학자 알프레드 아들러는 한 사람의 자아와 인생관을 빠르게 이해할 수 있는 가장 좋은 방법으로 그 사람의 기억을 살펴보기를 권한다. 결국 누군가에게 갖고 있는 편견과 오해 또는 이해와 공감은 그 사람이 경험한 시간, 사람, 공간, 상황과 더불어 그때 느낀 감정을 얼마나 잘 아는가에 달려 있다.

　우리는 가끔 어떤 사람을 다 아는 양 이야기하곤 한다. 과연 이것만큼 잔인한 폭력이 또 존재할 수 있을까? 안데르센의 동화 《미운 오리 새끼》의 내용을 잘 알 것이다. 생김새가 다르고 못생겼다는 이유만으로 무리에서 배척당하고 무시당하는 미운 오리 새끼. 내가 만약 미운 오리 새끼라면 어떨까? 많은 부분에서 스스로가 무능하고 무가치하다고 느끼며, 타인에게 호감을 주지 못하는 쓸모없는 사람이라는 자기개념을 지니게 될 것이다. 열등감과 우울감이 커지면서 대인관계에서 위축되고 회피적인 태도를 보이게 될 것이다. 또한 타인에 대해서는 이기적이고 예의가 없으며 다른 사람을 이용하려고만 한다는 부정적 신념이 만들어지기도 할 것이다. 직장인이라면 함께 일하는 구성원들과의 관계에 있어서 회피, 불안, 거부, 적대감을 느끼며 스트레스에 시달리게 될 것이다.

　자의든 타의든 집단으로부터 배척당한다는 것은 개인에게 좌절감, 모멸감, 분노, 배신감과 같은 부정적 감정을 유발시켜 상대에 대한 적개심을 갖게 한다. 그리고 이것이 직장 내 인간관계 안에서 이루어질 경우 개인은 직접적으로 불만을 표현하기 어렵기 때문에 업무를 소홀히 하거나, 집단에서 이탈하는 간접적 행동으로 분노를 표출한다. 조직 차원에서 보면 굉장한 인력 낭비가 아닐 수 없다.

직장 내 스트레스는 크게 직무 스트레스와 인간관계 스트레스로 나눈다. 특히 인간관계 스트레스는 협업해서 성과를 내야 하는 구성원과 공적 또는 사적 관계를 맺어야 하기에 심리적 부담감이 훨씬 고통스럽게 다가온다. 내가 불편하거나 나를 불편해하는 사람과 최소 여덟 시간을 함께 있어야 한다면? 당연히 일에 몰입하기 힘들어지고, 업무 수행 능력이 떨어지다 보니 직무 동기도 떨어질 수밖에 없다. 결국 V가 그랬던 것처럼 사람뿐 아니라 직장에까지 불만을 느껴 이직을 고려하거나, 자발적 아웃사이더를 선택하게 되는 것이다.

물론 치열한 경쟁 속에서 매일 느끼는 불안과 압박감을 견디지 못해 지친 직장인이라면 다른 사람을 신경 쓰고 싶지 않거나 회식과 같은 불필요한 모임에 시간을 뺏기고 싶지 않아서 또는 자신의 라이프스타일을 유지하기 위해 자발적 아웃사이더를 선택할 수도 있다. 하지만 그와 달리 정말 순수하게 직장 내 인간관계에 심리적 어려움을 느껴 자발적 아웃사이더를 자처한 사람도 분명 있을 것이다. 그렇다면 한 번쯤 미운 오리 새끼를 떠올려보기를 바란다.

　한번은 토크쇼 무대에서 관객으로부터 이런 질문을 받은 적이 있다.

　"진심으로 공감해주는 데도 공감으로 받아들이지 않고 늘 거부하는 사람이 있어요. 무엇을 표현하면 기분 좋게 받아들이지 못하고 꼭 뭔가 바라는 게 있는 거 아니냐며 의심하기도 하고요. 좋은 마음으로 공감해주려다 오히려 기분이 상하는데, 그 사람은 대체 왜 그럴까요?"

　나는 이렇게 대답했다.

　"만약 누군가의 선의나 호의를 그대로 받아들이지 못하고 거부하거나 의심한다면 그 사람에겐 그것이 낯설기 때문일 것입니다. 혹은 그런 호의를 받을 만한 자격을 갖추지 못한 사람이라며 자신을 낮게 평가할 수도 있습니다."

　세상에서 가장 불행한 사람은 누구일까? 사랑을 주는 것도, 받는 것도 어려운 사람이라고 한다. 물론 여기에서 중요한 것은 상대가 원하는 방식의 공감이었는지 그 내용을 먼저 체크해봐야 한다. 공감을 표현하는 방식에 문제가 없었는데 거부하고 거절한다면 자신을 향한 호의, 관심, 공감의 표현에 익숙하지 않은 사람일 가능성이 크다. 즉 그 사람의 관계 경험 속에는 따뜻한 배려를 받은 기억이나 존재 자체를 인정해주었던 의미 있는 타인이 한 사람도 없을 수 있다. 미운 오리 새끼처럼 말이다. 그러니 그 사람은 상대의 공감이 진짜가 아닐 거라며 믿기를 거부할 수밖에 없는 것이다.

사람들은 저마다 살아오는 인생의 과정에서 다양한 관계를 경험한다. 그리고 그 경험들은 그 사람의 관계 방식을 결정짓는 대인관계 신념으로 이어져 타인과 융합되거나 융합될 수 없는 자신만의 원칙을 만들어내기도 한다. V가 그랬듯이 말이다. 우리 주변의 미운 오리 새끼들이 사실 원했던 바는 의미 있는 타인 한 사람의 진심 어린 공감과 격려, 지지였을 것이다.

함께 건너는

관계 브리지

심리학에서는 인간관계에 영향을 미치는 요인을 크게 세 가지로 구분하고 있습니다.

첫째, 관계의 주체인 '나'의 심리적 요인

둘째, 관계의 상대인 '너'의 심리적 요인

셋째, 나와 너 두 사람 사이에서 일어나는 상호작용 요인

친밀한 대인관계를 위해서는 과거의 경험과 지식 등을 통해 만들어온 심리적 부적응 문제를 이해하고 수용하는 태도가 필요합니다. 원만하고 효과적인 대인관계를 방해하는 비합리적 원칙들을 유연하게 바꿔보는 것입니다.

첫째, 어떤 대인신념을 가지고 있는지 자각하기 위해 스스로 질문해봅니다.

'나는 왜 타인과의 관계에서 불편과 불안을 느끼는가?'

'나는 어째서 타인보다 우월해야 하고, 그들을 지배하기를 원하는가?'

그런 다음 이 안에 다음과 같은 신념은 없는지 살핍니다.

'다른 사람들은 나를 싫어하고 못마땅해할 것이다.'

'나는 남들보다 더욱 완벽해야 한다. 우월해야 한다.'

둘째, 자각된 신념이 현실적으로 정말 유용하고 합리적인지 자문하고 논박해봅니다.

셋째, 잘못된 신념을 실현 가능한 유용한 신념으로 바꿔봅니다. 예를 들면 '나는 완벽하고 우월해지고 싶어. 그러나 모든 사람에게 항상 완벽하고 우월하게 보이는 게 가능할까? 그렇게 보여주지 못한다고 해서 그것이 내 인생을 망칠 만큼 큰일인가?'라는 식으로 말이죠.

마지막으로 그동안 관계 속에서 경험하지 못했던 사랑을 주고받을 수 있는 의미 있는 타인과 관계를 만들어갑니다. 이제껏 경험하지 못한 공감과 지지는 신념을 바꿔주는 놀라운 마법을 발휘할 것입니다.

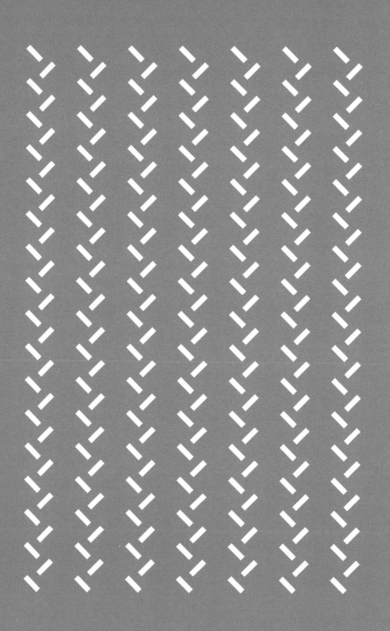

4장

뒤엉킨 관계의 끈 풀기

삶의 중요한 영역인 인간관계를 원만하고 성숙하게 영위한다는 것은 뭘까요? 우리가 지향해야 할 인간관계는 어떤 것이고, 어떤 노력을 해야 하는 것일까요?

인간관계를 위한 수많은 질문에 딱 들어맞는 정답을 구하기란 어렵습니다. 사람들은 저마다의 인생관과 인간관에 따라 추구하는 이상적 인간관계가 다르기 때문입니다. 4장에서는 대다수의 사람이 관계 갈등 시 보여주는 보편적 심리 요인들을 토대로 성숙한 인간관계를 꾸려가는 데 길잡이가 될 만한 몇 가지를 안내하려고 합니다. 우리가 추구하는 삶과 인간관계에 대한 지혜로운 선택을 기대하면서 말이죠.

방어기제를
무너뜨리는 연습

자기변호의 달인이었던 우리

'철퍼덕 주저앉아 엉엉 울고 말았지.'

'그만 지쳐 쓰러져 엉엉 울고 말았지.'

우리 모두가 알고 있는 전래동화 〈콩쥐팥쥐〉 속 콩쥐는 새어머니 구박으로 자신이 감당할 수 없는 어려운 문제가 생길 때마다 시종일관 엉엉 우는 것으로 대처한다. 마치 어린아이처럼 말이다. 사람들은 누구나 원치 않거나 혹은 예상치 못한 상황에 놓이면 자신을 보호하기 위해 일정한 패턴의 행동을 습관적으로 하게 된다. 무조건 화부터 내거나 모든 것이 상대 탓이라는 핑계

191

를 대고, 뭔가 그럴 수밖에 없었다는 지극히 본인 입장에서만 성립될 논리를 펼친다. 당사자가 아닌 나약한 제3자에게 분풀이하고, 자신은 모르는 일인 양 회피하며 연락을 피하기도 한다.

—— M도 그럴 의도는 없었다. 처음에는 그저 천천히 상대의 이야기를 끝까지 들어주려고 했다. 그러나 후배 직원이 문제의 원인을 자신에게로 돌리려 한다는 생각이 들자 어떻게 해서든지 그 상황을 벗어나야만 했다. 상대에게 변명할 기회를 허락하고 싶지 않았다. 틈을 주지 않고 쏘아붙이는 M, 그 순간 M의 모습은 복잡하게 얽혀 있는 미로에서 누군가에게 쫓겨 이리저리 정신없이 뛰는 사람의 처절한 몸부림 같았다.

"내가 지금 일이 하기 싫어서 못 한다는 겁니까? 할 수 없으니까 못한다는 거지."

"어차피 그 일을 시작했더라도 주어진 시간 안에는 마무리할 수 없었어요."

"타부서에 협조까지 받았는데 제대로 끝내지 못했을 때 책임은 누가 질 건데요?"

"○○씨는 일을 무조건 시작하는 게 중요합니까? 제대로 해내는 게 중요합니까?"

"원래 그렇게 할 말이 없으면 울어버리는 스타일이에요? 그런다고 문제가 해결됩니까?"

"○○씨가 싼 똥을 내가 왜 치우고 있는 건지, 나 참."

"제대로 할 수 없으면 시키는 대로라도 해야지 왜 엉뚱하게 일을 망치냐고!"

화풀이라도 하듯 후배 직원을 공격하는 말들 사이사이 M은 애써 마음을 진정하기 위해 숨을 골랐다.

'새로 부서를 이동하면서 아직 업무가 익숙하지 못해 생긴 일이니 어쩔 수 없는 거야.'

'나이 어린 직원들은 멘탈이 좀 약해서 그래. 내 말에 지나친 것은 없었다고.'

'그 직원도 언젠가는 내게 고마워할 거야.'

'일은 무조건 하려고 덤비기보다는 할 수 있을 때 나서는 거지.'

후배 직원 앞에서는 한껏 대범한 척했으나, M 또한 상사로부터 듣게 될 비난과 질책이 두렵기만 했다. 분명히 상사는 경력자인 M을 불러 문제 상황을 보고하게 할 것이고, 많은 부분의 책임을 M에게 따져 물을 것이다. 그 전에 무언가 자신에게도 피할 수 있는 대피소 같은 것이 필요했다. 책임질 수 있는 점과 그럴 수 없는 점을 명확하게 하고 싶었다. 안타깝게도 너무 스트레스를 받았는지 후배 직원을 탓하고 책망하는 것처럼 이야기가 흘러가

버리고 말았지만 말이다. 사실 M은 평소 자신의 감정을 잘 드러내지 않아 직장 동료들 사이에서 지성인이라고 불리거나 냉철한 비판가로 통했다. 그런데 이상하게도 잘못 처리된 일의 책임자를 두고 시시비비를 따지게 되면 M은 안절부절못하곤 했다. 업무에 대해서만 그러는 것이 아니다.

지난 가을 친구들과 주말을 이용해 강원도로 1박 2일 여행을 갔다. 오랜만에 바람도 쐬고 평소 좋아하던 회도 한 접시 먹고 올 계획이었다. 한데 공교롭게도 가을 단풍놀이 인파가 몰리면서 고속도로는 주차장을 방불케 할 정도로 꽉 막혔고, 일행들은 차 안에서 점점 지쳐갔다. 그때 M과 친구 한 명은 기왕 이렇게 된 거 국도로 빠져서 간단하게 요기나 하고 느긋하게 출발하자고 제안했다. 다른 친구들도 좋다면서 동의했다. 그렇게 국도로 방향을 틀어 막 나가려는 순간 차에 심상치 않은 흔들림이 감지되었다. 잠시 비상등을 켜고 한쪽으로 차를 세우고 보니, 바닥의 예리한 유리 조각 같은 것이 박히면서 타이어가 찢어져 있었다. 차에는 예비 타이어도 없는 상황이었다. 막히는 도로에서 보험사에 연락했지만, 서비스 차량이 언제 도착할지 예측하기 어려웠다. M은 친구들이 자신을 탓하게 될까 봐 갑자기 불안해졌다. 처음 국도로 빠지자고 운을 뗀 사람은 친구였다면서 자신은 그저 동조했을 뿐이라는 뉘앙스로 교묘하게 책임으로부터 빠져나가려고 했다. M 스스로도 이런 모습이 실망스럽기만 하다.

위협으로부터 멀어지는 방법

우리는 무엇인가로부터 위협을 당할 때처럼 불안하거나 두려운 상황에 놓이게 되면 평소와는 다르게 이성적이기보다는 감정에 치우쳐 행동하는 경향이 있다. 그래서 누군가와 깊은 관계로 발전하고 싶다면 (그 사람이 좋은 사람인지 아닌지를 파악하기 위해) 스트레스 상황에서 그 사람이 보여주는 행동 방식을 알아볼 필요가 있다고 일러주기도 한다. 더 나아가 그 행동 방식을 내가 참고 견딜 만하거나 이해하고 공감하는 게 수월하다면 친밀한 관계로 발전할 수 있다고 조언한다.

사람들은 누구나 원치 않았던 상황을 경험하게 되면 무의식적으로 자신을 보호하기 위해 습관적으로 보여주는 행동 방식을 지니고 있다. 이것을 심리학에서는 방어기제defense mechanism 또는 생존기제라고 한다. 방어기제는 다소 수동적이거나 공격적인 형태의 투사, 치환, 자기 합리화, 회피, 억압, 부인, 퇴행과 같은 성숙하지 못한 방어기제가 있는가 하면, 스트레스 상황을 극복하도록 돕는 승화, 유머와 같은 성숙한 방어기제도 있다.

인간관계의 갈등 상황을 어떻게 해결할 것인가 혹은 어떤 사람이 갈등의 매듭을 잘 풀 수 있는가의 문제는 결국 방어기제를 어디까지 허용하며 견딜 것인지에 달려 있다. 더불어 나만의 갈등 해결 방식으로 고착화된 건강치 못한 방어기제로는 무엇이 있는지, 어떤 상황에서 어떤 특정 대상에게 주로 사용하는지를 알고 있어야 한다. 내가 타인과의 관계 안에서 스트레스를 받을 때마다 습관적으로 보여준 행동에는 어떤 것들이 있는지 기억을 떠올려보자.

네 번째 책을 출간한 후 대형 백화점에서 상반기에만 무려 스무 건이 넘는 저자 특강을 진행해줄 수 있는지 문의가 왔다. 나는 잠깐 고민에 빠졌다. 백화점에서 진행하는 특강은 내가 출강하는 기업 교육에 비해 강사료가 적게 책정된다. 상반기의 핫한 날짜들을 특강을 위해 비워두어야 하는지 쉽게 결정할 수 없었다. 여러 가지 측면에서 고심한 끝에 책이 궁금한 독자들을 만나는 것도 의미 있는 일이라는 생각에 백화점 측의 제안을 수락했다.
안타깝게도 내 기대는 완전히 빗나가고 말았다. 특강을 의뢰할 때 담당자는 분명 "작가님, 어려운 결정해주셔서 고맙습니다. 좋은 강연이 될 수 있도록 저희도 준비하겠습니다"라고 말했다. 그런데 그 약속은 진행 과정 어디에서도 지켜지지 않았다. 홍보도 없었고, 그러니 강연 신청자도 적었다. 백화점 특강만 다녀오면 대중들 사이에서 작가로서의 낮은 내 인지도만 확인하며 자존감이 무너지는 경험을 반복해야 했다. 게다가 특강 몇 개만을 남겨둔 시점에 몇몇 지점의 폐강 소식이 들려왔다. 물론 그럴 수 있다. 강연을 하면서 일정이 갑작스럽게 바뀌는 경우는 왕왕 있기에 이해하지 못할 일이 절대 아니다. 그러나 백화점 측의 응대는 나를 화나게 만들었다. 특강하기로 한 당일 강의장 앞에서 또는 하루 직전에서야 문자 메시지로 폐강 소식을 알려온 것이다. 그중 한 곳은 지방이어서 미리 기차표까지 예매해놓은 상태였다. 나는 그들의 일 처리 방식이 너무나 무례하고 폭력적이라는 생각을 지울 수 없었다.

나는 곰곰이 따져보았다. '나는 이런 수모를 당해도 되는 사람인가?', '일이 이렇게 된 게 내 책임인가?', '이런 것까지 일일이 따지는 것은 쿨하지 못한가?', '속 좁은 사람 취급하지 않을까?', '괜한 갈등을 만드는 것이 아닐까?', '업계에 나에 대한 불리한 소문이 돌면 어쩌지?' 분명 예전의 나라면 신청자가 없어서 이렇게 된 일을 두고 작가로서의 인지도가 높지 않아서 생긴 일이라며 그냥 넘어갔을 것이다. 하지만 내 마음 편하자고 유연하게 수용하는 척 넘어가면 내 권리도 보호받지 못하고, 그들의 일 처리에도 아무런 발전을 기대할 수 없겠다 싶었다. 그래서 담당자가 보내온 문자 메시지에 내가 느낀 감정과 폐강 시 앞으로 어떻게 처리해주면 좋을지 적어 답장을 보냈다.

"우선 많이 당황스럽습니다. 개인적 수입에 큰 부담으로 작용했음에도 불구하고 좋은 마음으로 어렵게 수락했는데, 결과가 이렇게 되어 많이 속상합니다. 존중받지 못한 기분이어서 불편하기도 합니다. 내부 규정도 있을 테니 제 요구가 일방적으로 비칠 수도 있지 않을까 염려스럽습니다. 아무쪼록 양쪽 모두 얼굴 붉히는 일 없이 원활히 처리될 수 있도록 검토한 후 연락주시면 고맙겠습니다."

며칠 후 총괄 담당자에게 사과의 메시지와 함께 내가 요청한 대로 폐강 시 조치를 해주겠다는 연락을 받을 수 있었다. 사실 이것은 담당자들이 서로 책임을 회피하며 업무를 떠넘기는 바람에 발생한 문제였다. 그런데도 갈등이 드러나고 일이 커지는 것이 싫어 '그냥 나 하나 참으면 되는데…'라며 내 입장을 전하지 않았다면 어땠을까? 내 기분이 풀릴 때까지 언제까지고 그들의 태도를 탓하며 보냈을지도 모른다. 처음 업무 실수를 한 것은 그들의 책임이 될 수 있지만, 이후 내가 느끼는 감정과 생각에 대한 책임은 오로지 내게 있는 것이다. 부당하고 무례한 대우를 받았다면 용기 내서 갈등의 매듭을 풀어나갈 수 있어야 한다. 그래야 성숙한 인간관계를 추구했다고 할 수 있다.

Stop하고 Look하라

성숙한 인간관계를 위해 우리가 선택해야 하는 행동 방식은 본능적으로 일어나는 욕구와 도덕적 기준, 이성적 판단이 어느 한쪽으로 치우침 없이 균형을 유지하는 것이다. 습관적인 방어기제를 써서 나와 상대의 감정을 상하게 하거나, 둘 중 한 사람의 희생으로 관계를 유지하는 것은 상처가 될 수 있기 때문이다. 그래서 연습이 필요하다. 내가 어떤 상황에서 주로 어떤 방어기제를 사용하는지 알아두면 관계 갈등이 악화되는 것을 충분히 막을 수 있다.

우리가 처음 운전할 때를 떠올려보자. '여기서는 좌회전 신호를 넣어주고, 여기서는 비상등을 켜고, 이때는 후진으로 기어를 바꿔주고.' 마치 스포츠 중계라도 하는 것처럼 운전석에 앉아서 하는 모든 행동을 순서에 맞춰 마음속으로 중얼거렸을 것이다. 하지만 어느 정도 운전에 익숙해지면 굳이 중얼거릴 필요 없다. 머릿속에 아무런 이미지를 그려 넣지 않아도 그저 몸이 반사적으로 반응하게 된다. 마찬가지로 갑자기 끼어드는 차 때문에 놀란 경우 클랙슨을 울리고, 소리를 지르거나 욕을 하고, 창문을 내려 운전자에게 호통을 치는 행동은 순식간에 일어난다. 이것은 운전자마다 지니고 있는 습관이다.

방어기제는 습관이다. 습관은 어느 날 갑자기 생기거나 완성되는 것이 절대 아니다. 반복적 시뮬레이션을 통해 만들어지는 것이다. 따라서 건강한 인간관계를 위해 성숙한 습관을 만들면 된다. 자신과 타인을 향해 Stop(멈춤)한 후 Look(들여다보기)하는 것이다. 물론 굉장히 어려우며 인내가 필요한 작업임을 미리 밝힌다.

첫째, 내가 하려고 했던 행동과 생각(방어기제)을 멈춘다. 둘째, 불편한 감정이 자신에게 생성되고 있음을 신체감각을 통해 알아차린다. 호흡이 빨라진다거나 미간을 찡그리고, 손에 힘이 들어가고, 뒷목이 뻣뻣해지고, 땀이 나고, 침이 바싹바싹 마르는 형태로 신호를 보내올 것이다. 셋째, 생각과 행동이 긍정적으로 작용하는지 혹시 왜곡된 신념이 작동된 것은 없는지 확인한다. 마지막으로 내가 관계 안에서 원하는 욕구, 상대에게 바라는 바가 무엇인지 찾아본다.

예를 들어 어느 날 저녁 동창 모임에 다녀온 아내가 남편을 향해 "내 친구들은 남편 잘 만나서 비싼 가방에 큰 집에서 사모님 소리 듣고 사는데 나는 뭐…. 휴, 말을 말아야지"라며 한숨을 쉰다. 당신이 남편이라면 어떤 반응을 보이겠는가? 그냥 모른 척하고 보던 TV를 계속 볼 것인가? 쓸데없는 모임에 다닌다면서 아내를 타박할 것인가? 그런 것은 속물들이나 추구하는 삶으로 행복과 삶의 만족에 크게 기여하지 못한다며, 당신의 입장을 피력하려 들 것인가? 이 중 어느 것도 갈등의 매듭을 푸는 데 도움이 되지 않는다.

그럼 이렇게 해보는 것은 어떨까? 일단 하려고 했던 말을 멈춘다(1). 크게 호흡을 들이마신 후 급하게 내쉬는 것을 보니 아내의 말이 왠지 나를 비난하는 것만 같다. 가슴이 답답해지면서 아내에게 섭섭한 감정을 느끼고 있음을 알아차린다(2). '애들 저녁밥은 차려주고 나갔다 오는 거야? 애 엄마가 자기가 해야 할 일은 하면서 모임을 가더라도 가야지'라고 말하고 싶어 하는 자신을 알아차린다. 그럴 경우 다툼으로 번질지 모른다고 생각하는 자신을 알아차린다(3). 섭섭한 감정 안에는 남편으로서 존중받고 싶고, 서로 바라는 바를 소통하고 싶다는 욕구가 있음을 깨닫는다(4). 그런 다음 이렇게 표현해보는 것이다.

"친구들에 비해 당신이 초라하게 느껴져서 많이 속상했겠네."

"그런 불편한 감정으로 시간을 보냈으니 당신 피곤하겠다."

"당신이 모임에서 즐겁게 있다가 오기를 바랐는데, 내가 원망스러웠다니 속상하네. 내가 뭘 해줘야 할지 잘 모르겠어."

남편의 달라진 모습에 아내가 더 많이 놀라고 당황하지 않겠는가? 관계의 변화는 놀라움의 연속이다. 나 또한 내가 남편에게 사용하던 방어기제를 멈추고 대화다운 대화를 시작했을 때 남편은 처음으로 존중받는 느낌이 든다면서 고맙다고 말했다. 순간 나는 놀라지 않을 수 없었다. 그 놀라움은 이후 우리 부부 관계 개선에 매우 긍정적인 도화선 역할을 해주었다.

인간관계에서 발생하는 갈등을 무작정 피하려 든다거나 갈등의 크고 작음을 따지기보다는 어떻게 처리할 것인지를 고민해야 한다. 갈등을 해결하고자 하는 의지, 노력, 표현을 피력하는 것을 망설이는 이유는 잘 해결되지 않을까 봐, 현재보다 상황이 더욱 악화되어 관계를 망쳐버릴까 봐 두렵고 불안하기 때문이다. 그 불안한 마음은 밸브가 고장 난 수도꼭지에서 갑자기 쏟아지는 물처럼 나와 상대를 불쾌하게 적시고 만다. 따라서 상대가 내게 중요한 의미를 지닌 타인이라면 어느 시점에서는 그 사람의 방어기제를 견뎌줄 수 있는 연민을 발휘해야 할 것이다.

함께 건너는

관계 브리지

인간관계에서 발생하는 많은 갈등은 그 자체가 문제되지는 않습니다. 그보다는 갈등을 해결하고자 하는 노력을 얼마나 기울이는지가 중요합니다. 그래서 내가 스트레스 상황에서 어떤 대상을 향해 습관적으로 보여주는 행동 방식(방어기제)이 무엇인지 알고 있어야 합니다. 심리학자들이 여러 연구에서 공통적으로 언급했던 대표적인 방어기제들에 대해 살펴보면 어떨까요? 내게 익숙한 것이 무엇인지 찾아보시기 바랍니다.

• 억압: 불안에 대한 일차적 방어기제입니다. 가장 흔히 사용하는 방어기제로 의식에서 견디기 힘든 감정이나 생각을 무의식 안에 억눌러버리는 것을 말합니다. 어린 시절 부모로부터 겪은 학대나 결혼 후 배우자로부터 당한 폭행과 같은 충격적인 경험은 고통스러운 불안과 두려움을 유발하므로 억압해서 묶어두는 경우가 많습니다.

• 취소: 내 건전하지 못한 욕구로 인해 상대에게 피해를 주었다는 생각이 들 때 사람은 죄책감과 수치심을 느끼게 됩니다. 이

러한 감정을 조금이라도 해소하기 위해 상대에게 준 피해를 취소하고 원상 복귀하려는 일종의 속죄 행동을 말합니다. 다른 일로 화가 나 있는 상태에서 아이에게 괜히 화풀이를 했다가 미안한 마음에 다시 아이를 안아주거나, 아내를 폭행한 남편이 다음 날 꽃을 사다 주는 것이 이에 속합니다.

- 반동형성: 겉으로 나타나는 언행이 마음속 욕구와는 반대되는 것을 말합니다. 즉 사회적으로 수용될 수 없는 부도덕적인 생각, 소원, 충동을 억제하기 위해 그와 반대되는 사고, 행동을 하는 것입니다.

- 동일시: 두려움을 불러일으키는 대상(부모, 상사, 윗사람)의 태도와 행동을 닮아감으로써 두려움을 극복하려는 것을 말합니다. 군대에서 권위적인 선임병과 대립하던 후임병이 그를 이길 수 없음을 깨달은 후 닮아가는 경우를 예로 들 수 있습니다.

- 전치: 자기보다 강한 대상에게 품었던 불쾌한 감정을 덜 위협적인 다른 대상에게 돌리는 것을 말합니다. 언니를 미워하는 동생이 언니의 옷을 찢어버리거나, 특정 지역 출신의 정치인을 싫어하는 남편이 그 지역 출신의 아내에게 화를 내는 경우가 이에 해당합니다. 자신보다는 타인에게 상처를 크게 주며, 대인관계에서 고립될 수도 있다는 점에서 주의해야 합니다.

- 투사: 자신이 품고 있는 용납하기 힘든 충동이나 욕구를 다른 사람의 것이라고 떠넘겨버리는 것을 말합니다. 실패의 원인을 남의 탓으로 돌리거나, 바람피우고 싶은 욕구가 강한 남편이

되레 아내가 외도했을 것이라고 의심하는 경우가 이에 속합니다. 다른 사람이 그러한 것으로 생각해서 마음의 짐을 덜고자 하는 것입니다.

- 자기에게로의 전향: 공격적인 충동이 다른 사람이 아닌 자기에게로 향하는 것을 말합니다. 부부 싸움을 하던 남편이 화가 나서 주먹으로 벽을 세게 치는 것을 예로 들 수 있습니다. 남에게 향해 있던 분노가 자기를 향하게 됨으로써 자기 공격이 생기며, 우울증이 오기도 합니다.

- 합리화: 인식하지 못하는 동기에서 나온 행동을 그럴듯한 이유를 붙여 정당화하는 것입니다. 열심히 노력했음에도 불구하고 포도를 따는 데 실패한 여우가 '어차피 저 포도는 시어서 맛이 없을 거야'라고 스스로를 위로하는 〈여우와 신 포도〉이야기가 이에 속합니다.

이 정도가 일반적으로 관계 갈등을 더욱 악화시키는 미성숙한 방어기제를 대표하는 것이라면 갈등의 매듭을 푸는 데 도움이 되는 방어기제로 승화를 소개할 수 있습니다.

- 승화: 본능적 욕구나 참아내기 어려운 충동을 사회적으로 용인되는 형태로 돌려쓰는 것을 말합니다. 욕구를 차단하거나 억누르는 것이 아닌 바람직한 방향으로 배출하는 것입니다. 외동으로 혼자 외롭게 자라 형제가 많은 것을 부러워한 사람

이 친목 모임에 나가 다른 사람들과 어울리면서 외로움을 달래는 것을 예로 들 수 있습니다.

당신은 갈등이 생길 때마다 어떤 방어기제로 행동했었나요? 그것이 나와 상대의 마음을 후벼 파는 상처가 되거나, 관계를 차단하고 단절시키는 쪽으로 작용한다면 Stop하고 Look하기 바랍니다.

풀 것인가?
끊어버릴 것인가?

무조건 피하는 것이 답이었던 당신에게

──── '갈등을 피하자'는 어느새 I의 인생 목표가 되었다. I라고 해
서 왜 자신을 탓하는 비난과 무시가 기분 나쁘지 않겠는가? 그러나
I는 자신의 거북한 감정을 드러내지 않는다. 그 편이 서로를 위해
훨씬 좋다고 생각하는 것이다.

I에게는 최근 직장에서 친해진 동료가 있다. 그녀는 I와는 다른 성
향의 소유자였다. I는 영화 한 편을 보더라도 감독과 배우는 물론,
영화가 만들어진 배경이나 주변 이야기까지 챙겨보는 스타일이다.
예매도 며칠 전에 미리 한다. 하지만 동료는 퇴근 시간이 다 되어서 갑자기 "오늘 밤은 달도 운치 있게 떠 있고 그냥 들어가기 아쉬운데, 영화나 한 편 볼까?"라며 연락을 해온다. 그날도 마찬가지였다. I는 퇴근하면 간단히 저녁을 먹고 여유롭게 책을 읽을 생각이었다. 전부터 꼭 읽고 싶었던 책이 한 권 있었는데, 오후에 배송되었다는 문자 메시지를 받았기 때문이다. 동료의 제안을 거절할까 하다 I는 자신이 계획했던 책읽기를 포기하고 동료와 영화관을 찾았다. 영화를 본 후 바로 집으로 가서 몇 페이지라도 읽어야겠다고 마음을 달래면서 말이다.

영화관을 막 빠져나오는 순간 동료가 맥주 한 잔만 하고 가자며 I의 팔짱을 끼는 바람에 어쩔 수 없이 거절하지 못하고 맥줏집으로 끌려갔다. 그렇게 그날 밤 I의 책읽기 계획은 없던 일이 되고 말았다. 짜증이 났다. 무계획적으로 그날그날 감정에 따라 행동하며 자신의 의견은 묻지도 않은 채 제멋대로 구는 동료가 점점 못마땅해졌다. 그러나 자신의 속마음을 드러내지는 않았다. 굳이 직장 안에 적을 만들고 싶지 않았고, 업무적으로도 부딪힐 텐데 이런 감정 처리가 아무런 도움이 되지 않는다고 판단했다.

어느 날 동료와 함께 신제품 출시를 위한 사업부 담당자 간 미팅을 준비하게 되었다. 회의실의 기자재부터 발표 자료, 간단한 음료까지 이것저것 확인해야 하는 사항이 꽤 있었다. 그런데 어찌된 일인지 동료는 그저 노트북만 확인할 뿐 다른 사항에는 관심을 주지 않았다. 여러 가지를 혼자서 체크해야 했던 I는 시간에 쫓겨 이리저리 뛰어다녀야 하는 신세가 되었다. 그런데도 동료에게 기자재 확인이 끝났으면 나머지 세팅하는 것 좀 도와달라는 말을 하지 못했다. 그냥 알아서 해주길 바랐던 것이다. 그러면서 속으로는 '원래 눈치가 없는 건가? 아니면 하기 싫어서 그냥 편한 것만 확인하겠다는 건가?' 식으로 동료를 향한 불만의 목소리를 높였다.

참석 명단의 인원 체크가 잘못되었는지 발표 자료 한 부가 부족하게 준비된 것을 미팅이 시작되고서야 알아차렸다. 재빠르게 인쇄해서 전달했기에 큰 문제는 없었다. 파트장도 그 정도 실수는 누구라도 할 수 있다며 괜찮다고 했다. 하지만 I의 마음은 무겁기만 했다. 이후 동료에게서 몇 차례 더 영화를 보자는 연락이 왔다. 불편한 마음이 다 풀리지 않은 I는 전화를 받지 않거나, 바쁘다는 핑계로 거리를 두었다. 급기야 동료는 '요새 무슨 일 있어?'라고 문자 메시지를 보내왔다. I는 '아니, 아무 일 없어. 그냥 바빴어'라고만 답장했다. 그렇게 며칠을 보내고 나면 화가 조금씩 누그러지기 때문이다.

I의 마음을 사방에서 휘저어놓았던 회오리를 알 리 없는 동료는 I를 만나면 아무 문제없이 대할 것이다. 불쾌하고 불편한 것은 온전히 I의 몫이었다. 그렇다면 I는 왜 동료에게 섭섭했던 점

을 말하지 않는 것일까? 만약 자신이 느낀 감정을 솔직하게 말했다면 어땠을까? I의 생각을 들어봤다.

"펄쩍펄쩍 뛰며 오해라고 하겠죠. 제게 다 책임지라며 강요한 적도 없는데 싫다고 말하지 왜 안 했냐며 오히려 기분 상해할 거예요. 제가 힘들었다고 한들 직접적으로 원인을 제공한 게 아니니 억울하다 할 수도 있고요. 말해서 얻을 수 있는 게 없어요. 괜히 관계만 어색해지죠. 그래서 말하지 않았어요. 제가 조금 참으면 되는 거니까요."

정말 I의 말대로 동료는 그저 모른 척하며 자신의 책임을 회피하려고만 하는 인면수심의 사람인 것일까? 이것은 사실로 확인되지 않은, 단지 I의 머릿속에서만 성립하는 궤변일 수도 있다.

I는 갈등이 만들어지는 상황마다 마음속에서 요동치는 크고 작은 소용돌이로 무척 고통스러울 것이다. 적극적으로 자신의 감정이나 생각을 주장하는 데 두려움을 갖고 있기에 그저 시간이 흐르기만을, 소용돌이가 조금 진정되기만을 수동적으로 기다리는 것일 뿐이다. 물론 동료와 부딪힐 일이 없는 얼마 동안은 괜찮을 수 있다. 하지만 미팅이나 회식 등 함께하는 자리가 생기기라도 한다면 I는 다시 불편해질 것이 뻔하다. 갈등을 피하는 것으로 문제를 해결할 수 있다면 좋으련만 그것은 어디까지나 I의

바람에 불과하다. 회피나 상대에게 맞춰 순응하는 것은 일시적으로 갈등을 초래했던 상황을 덮어줌으로써 마치 문제가 해결된 것처럼 보일 수도 있다. 그러나 여전히 감정의 앙금은 남게 된다. 잔잔한 수면이 꼭 평온한 것만은 아니다.

인간관계에서 원치 않는 상황이 발생했을 때 많은 사람은 습관적으로 자신을 보호하기 위해 회피의 방어기제를 사용한다. 하지만 이는 잠시 동안 갈등과 심리적 다툼을 보류하는 것이지 해결하는 것은 아니다. 엉켜버린 끈의 결말은 갈등 해결을 위해 발휘되는 각자의 태도에 달려 있다.

어쩔 수 없다며 숨어버린 당신에게

어린 시절의 I는 타인이 흘리는 눈물을 고마워할 줄 아는 사람이었다. 또한 타인을 위해 기꺼이 울어줄 수 있는 사람이었다. 하지만 지금의 I는 타인이 흘리는 눈물을 믿지 않는 사람이 되었다. I가 변한 것일까?

자신은 I에게 어울리지 않는 부족한 남자이니 헤어지자며 꺼이꺼이 울었던 애인은 I 몰래 다른 여자를 만나고 있었다. 그 사실을 알고 격한 배신감을 느꼈음에도 불구하고 I는 따져 묻지 않았다. 애인은 분명 어쭙잖은 변명으로 I를 설득하려 할 것이고, 그리되면 지리멸렬한 싸움을 다시 시작해야 하기 때문이다. 생사가 걸린 일이라고 울먹이며 자료 취합을 도와달라고 부탁했던 직장 선배는 프로젝트가 끝나자 모든 공을 자신에게 돌렸다. 그 후 아무렇지 않게 I를 대하는 선배를 볼 때마다 뻔뻔하다는 생각이 들었다. 그러나 서운한 감정을 어디에서도 드러내지 않았다. 직장에서 불필요한 감정적 대치는 일의 협업과 성과에 방해될뿐더러 자신이 후배이기에 불리한 상황에 처할 수도 있다고 판단한 것이다.

I는 눈물은 진실을 볼 수 있는 기회를 가리는 쓸모없는 커튼 같은 것이기에 자신은 눈물을 믿지 않는다고 했다. I는 변한 것이 아니다. 다만 상처받는 것이 두려워 갈등 상황을 피하거나, 상대가 원하는 방식으로 갈등을 조용히 해결하려는 것뿐이다. 그것이 평화로움을 유지할 수 있는 최선책이라고 여기면서 말이다.

갈등 상황을 해결하는 방식은 사람마다 다르다. I의 경우 상대와의 관계가 틀어지는 것을 원치 않기에 자신의 감정이 어찌되었든 최대한 충돌을 피하고, 상대가 원하는 방향으로 맞춰주려고 하는 온건형이다. 반대로 상대와의 이해관계를 우선시하며, 자신의 주장을 굽히지 않는 강경형도 있다. 강경형은 주로 상대가 상처를 입는다. 만약 I가 강경형이었다면 발표 자료를 제대로 배포하지 못한 이유로 함께 일을 맡았던 동료가 협조하지 않아 혼자서 모든 것을 완벽히 준비하는 게 어려웠다며 동료에게 사과를 요구했을 것이다. 그런가 하면 상대와 자신이 직면한 문제를 함께 해결해나가기를 원하는 원칙형도 있다. I의 상황으로 설명한다면 혼자서 여러 가지를 체크하는 데 한계가 있었는데도 준비 과정에서 도움을 요청하지 않은 부분을 인정하고, 동료에게 다음부터는 서로 균등하게 업무를 배정하면 어떻겠냐는 의견을 제시했을 것이다. 물론 우리 모두는 이러한 해결 방법을 몰라서 실천하지 못하는 것이 아니다. I 또한 알고 있다. 그저 자신에게 익숙한 방식을 선택할 뿐이다. '이게 내 스타일이에요'라면서 말이다.

나는 열대어 몇 마리를 키우고 있다. 골칫거리는 매번 어항 청소도 열심히 하고 이끼 청소 물고기 비파도 사서 넣는데, 좀처럼 이끼가 줄지 않는다는 것이다. 심지어 열대어가 죽기까지 했다. 어느 날 자고 일어나 이끼로 가득 찬 어항을 보는 순간 뭔가 내 기분까지도 청소되지 않은 느낌이 들면서 찝찝해지기 시작했다. 이대로 상황이 악화되는 것을 보고만 있을 수 없어 비파라도 몇 마리 더 사서 넣어보기로 했다. 그런데 놀랍게도 이끼의 주범은 따로 있었다. 비파를 사러 간 마트에서 어항 물갈이를 할 때 너무 깨끗하게 갈아주지 말라는 소리를 들었다. 기존 물을 20퍼센트 정도 남겨둔 채 새로운 물을 부어야 수질의 변화 없이 어항이 깨끗하게 유지되고, 물고기들의 수명도 길어진다는 것이다. 이후 어항 청소할 때 그렇게 했더니 집에서 청정 해역에서 유유자적 헤엄치는 열대어들을 감상할 수 있게 되었다.

　사람은 누구나 자신만의 고유한 성격과 특징이 있다. 이것은 바꾸고 싶다고 해서 쉽게 바꿀 수 있는 문제가 아니다. 그러나 한 사람이 지닌 관점은 변화가 가능하다. 예를 들어 염세적 성향의 사람이 낙천적으로 바뀌기는 힘들어도 낙관적으로 바뀔 수는 있다. 낙천과 낙관은 엄연히 다르다. 낙천적이라는 것은 그 사람이 지니고 있는 성질과 성향으로, 어떤 일이 잘 안 되더라도 웃으며 사는 것으로 풀이할 수 있다. 반면에 낙관적이라는 것은 그 사람이 어떤 일에 대해 지니고 있는 관점과 견해로, 앞으로 그 일이 잘되리라고 생각하는 것으로 풀이할 수 있다. 그러니 갈등의 매듭을 풀기 위해서는 내가 지니고 있는 성격적 특징을 탓하며 해결의 의지를 꺾기보다는 잘 해결될 수 있으리라는 긍정적 시각에서 바라볼 필요가 있다. 깨끗한 어항을 유지하는 방법이 물 전체를 갈아주는 것이 아니라, 기존 물을 남겨둔 상태에서 일부만 새롭게 채워주면 되는 것처럼 말이다. 인간관계에서 일어나는 갈등 해결은 타고난 기질이 결정짓지 않는다. 해결하고자 하는 의지와 관점이 결정짓는다.

다시 시작해보려는 당신에게

5년 전 '소통과 팀워크'에 관한 주제로 교육했을 때의 일이다. 팀워크를 강조하며 나는 그 당시 연예인들의 병영 체험을 다룬 예능 프로그램의 일부분을 소개했다. 잠시 쉬는 동안 교육생 중 한 명이 내게 다가와 이렇게 말했다. "강사님. 군대는 어느 곳보다 집단의식이 상소된 곳인데, 그 사례를 들어 설명하는 것은 적합하지 않은 듯합니다." 나는 당황스러웠지만 순간 내가 무엇을 놓쳤는지 알 수 있었다. 다음 교육 시간에 나는 그 사례에 대해 다른 관점의 이야기를 들었으며, 충분히 공감할 수 있는 내용임을 인정했다. 그러자 교육생 간에 개인과 집단 사이에 존재하는 갈등과 조화 등에 대해 조금 더 진지하고 깊은 대화가 오갈 수 있었다. 나는 교육을 마친 후 자신의 의견을 전해준 그 교육생을 찾아가 감사 인사를 건넸다.

"선생님 자리 비운 사이 떠드는 녀석들 있으면 칠판에 이름 적어놓아라."

"한 명이라도 지각하면 단체 기합이다."

"어디까지나 회식인 거 몰라? ○○씨 하나로 분위기 망치고 싶어?"

"대를 위해서 소를 희생하는 거지."

"너만 모른 척하면 문제없이 지나갈 수 있어. 입 다물고 있어."

"우리 중 휴가를 이렇게 길게 붙여서 쓴 사람이 누가 있어요?"

"주문은 그냥 다 같은 것으로 합시다!"

언제부터인지 우리는 (음식점에서 음식을 시키더라도) 하나로 통일하는 데 익숙해져 있다. 개인의 개성은 말 그대로 개나 줘 버리라고 말한다. 개인은 조직을 위해 응당 참고 희생하며 복종할 수 있어야 하는 그야말로 한국 사회는 철저하게 개인보다 집단을 우선시해온 사회다. 다행히도 최근에는 개인의 목소리에도 힘을 실어주도록 바뀌고 있긴 하지만, 여전히 위계질서가 확고한 가족 구조의 집단 문화가 팽배한 것이 사실이다. 한 라디오 방송에 출연한 게스트(방송국 직원)가 크리스마스 선물로 무엇을 받고 싶으냐는 DJ의 질문에 진지하게 '회식 1회 거부권'이라고 대답할 정도니 말이다. 심각한 것은 이러한 집단의식이 인간관계에서 일어나는 갈등을 해결하는 데도 영향을 미친다는 것이다.

우리는 보통 갈등 상황에 놓이게 되면 '회피, 양보, 경쟁(강요),

타협, 협력'의 방법을 통해 서로에게 접근하려고 한다. 이는 크게 자신의 입장과 이해를 충족시키는 방향으로 결과를 얻기 위해 자기 의견을 주장하는 것 그리고 상대의 입장과 이해를 배려하여 협조하려는 것, 두 가지 축에 의해 결정된다.

일반적으로 개인주의적 성향이 강한 사람일수록 경쟁이나 협력하는 방식의 능동적 태도로 갈등을 해결하려고 한다. 갈등을 해결하는 것을 목표로 삼기 때문에 자신의 의견을 관철시키거나 상대와 논의하는 데 노력을 기울인다. 반대로 집단주의적 성향이 강한 사람일수록 회피나 양보하는 방식의 수동적 태도로 갈등을 해결하려고 한다. 상대의 의견을 존중하기 위해 내 의견을 포기하는 것으로 좋은 관계를 유지하려는 경향이 짙다. 그러니 개인보다 집단을 우선시하는 한국 사회에서는 협상보다는 어느 한 사람의 의견을 채택하는 것으로 갈등이 해결되었다고 결론을 내리는 씁쓸한 상황을 자주 목격할 수밖에 없는 것이다. 더욱이 집단을 우선시하는 태도를 보일 경우 사회생활을 잘하는 사람, 인품 좋고 성격 좋은 사람이라고 평가받다 보니 능동적으로 갈등을 해결하고자 노력하는 사람이 오히려 무례하다거나 자기밖에 모르는 이기적인 사람으로 낙인찍힐 수도 있다.

물론 갈등 해결은 당사자끼리의 이해관계와 감정 상태를 충분히 고려하여 접근해야 하므로 어느 하나의 정답을 제시하기는 어렵다. 그래도 기왕이면 자기 패배감과 자존감에 손상을 주며 내적 갈등을 경험하는 수동적 태도보다는 두 사람의 의견을 충족시키기 위해 협력하는 능동적 태도를 추구해야 한다는 입장이다.

또한 개인주의적 성향과 더불어 갈등 해결에 영향을 미치는 것 중 하나로 정서지능EQ을 떠올려볼 수 있다. 정서지능은 자신과 타인이 느끼는 감정을 인식·평가해서 표현하고, 효과적으로 조절해내며, 동기 부여를 위해 정서를 활용할 줄 아는 능력이다. 심리학자 하워드 가드너는 정서지능이야말로 "인간관계에 적응하고 행복한 삶을 살아가기 위해 꼭 갖춰야 할 능력이다"라고 정의하기도 했다.

갈등을 해결하는 데 모든 항목이 능동적 태도에 영향을 줄 것 같지만, 꼭 그런 것도 아니다. 오히려 감정 인식과 정서 조절 능력이 높은 우리나라 사람들의 경우 '내가 참아야지. 난 괜찮아'라며 회피하거나 순응하는 수동적 태도를 보이는 경향이 더 강하다. 반면에 자신에게 용기를 북돋아주는 경향이 강한 사람, 즉 정서 활용 능력이 높은 사람은 스스로 문제를 해결하려는 성향이 있다 보니 경쟁 또는 협력으로 갈등을 해결하고자 하는 능동적 태도를 갖추게 된다. 혹시 갈등 해결에 어려움을 겪고 있는가? 지금껏 내가 추구했던 갈등 해결 방식에는 나, 너, 우리 중 어떤 말이 더 지켜지고 있었는지 생각해보기를 바란다.

내가 터득한 갈등 해결 방법은 그저 솔직하게 말하는 것이다. 간혹 문제보다는 관계에 집중한 나머지 '배려'를 해결책으로 꺼낼 때가 있다. 왠지 평화적인 방법이라는 착각과 함께 말이다. 오해를 풀어야 함에도 불구하고 나는 사실대로 말하지 않았다. '저 사람에게 상처가 되겠지?', '기분 나빠할 거야', '잠깐만 참으면 서로 편해질 텐데, 조금 손해 보고 말지 뭐', '저 사람도 나만큼 불편할 거야', '괜히 더 따져서 상황이 악화될 수 있으니 그냥 넘어가자' 등 속으로는 서운하고 속상한 마음이 가득한데도 상대에게 굳이 표현하지 않은 것이다. 내가 얼마나 많은 부분을 포용했는지 상대가 알아주리라는 막연한 희망을 품은 채.

그러나 마지못해 꺼낸 배려의 카드는 그리 오래가지 못한다. 잠시 동안의 응급 처치밖에 되지 못하는 것이다. 조금이라도 상대에게 서운한 일이 생기면 그물에 걸린 고기를 낚아 올리듯 담아두었던 서운한 감정이 고스란히 되살아나 상황을 더욱 악화시키기 때문이다. '내가 그렇게 양보하고 배려해줬는데 다 소용없는 짓이었어', '역시 그때 말했어야 했어'라고 억울해하며 지난 감정까지도 보상받고야 말겠다는 오기마저 발동하기도 한다. 그러니 당장 서먹해지더라도 솔직하게 말해보자.

함께 건너는

관계 브리지

다음은 심리학자 스텐버그와 돕슨이 제시한 열여섯 가지 갈등 해결 방식을 정리한 것입니다. 자신에게 해당하는 항목을 체크해보시기 바랍니다.

유형	갈등 해결 방식	체크
능동적 갈등 완화	흥정이나 타협을 통해 갈등을 해결하려고 한다. 내 솔직한 감정을 상대에게 직접 이야기한다. 직면한 문제를 갈등 상대와 대화로 풀어간다.	
수동적 갈등 완화	사태가 호전될 때까지 기다린다. 주어진 사태를 있는 그대로 받아들인다. 내 욕구를 줄이거나 자제함으로써 갈등을 피한다. 더 이상의 갈등에 직면하는 것을 피한다. 변명이나 사과를 하는 것으로 갈등을 줄인다. 제3자로 하여금 갈등을 조절하도록 한다.	

능동적 갈등 격화	다른 사람들로 하여금 갈등 상대를 비난하게 한다. 상대를 헐뜯어 말다툼을 한다. 상대에게 물리적인 힘으로 맞선다. 상대와 결별을 선언한다.
수동적 갈등 격화	상대의 약점을 이용해서 갈등을 해결하려고 한다. 상대가 이전에 이 같은 갈등을 어떻게 대응했는지를 참고한다. 상대와의 접촉을 제한한다.

네 가지 유형 중 어느 유형이 갈등 해결에 좋은 방법이라고 딱 잘라 말할 수는 없습니다. 주어진 상황과 상대에 따라 갈등 해결 방법은 다르기 때문이죠. 하지만 불필요한 감정 대치를 최소화 하는 것으로 긍정적 효과를 얻고 싶다면 능동적 갈등 완화 방식 이 현명한 대처가 될 것입니다.

칼에 베인 상처
vs.
말에 베인 상처

> > > > > > > > > > >

말에 베인 상처가 더 아프다

—— B는 20대 초반 어린 나이에 학교를 졸업하자마자 결혼을 했다. 여러 부분에서 결혼 생활은 안정적이지 못했고, 극심한 스트레스로 고통스러웠던 적도 많았다. 그래서 딸만은 자신과 다르게 조금 늦게 결혼하기를 바랐다. 적어도 20대는 자유롭게 인생을 즐기기를 원했다. 그런데 스물일곱 살이 된 딸이 갑자기 결혼을 하겠다고 나서니 B의 마음은 마냥 즐겁지가 않다. 더군다나 딸이 결혼하겠다며 소개한 남자 친구의 직업은 군인이었다. B에게 여러 가지 생각을 하게 했다. 결코 군인이라는 직업이 싫어서가 아니었다. 이

런저런 걱정으로 한숨이 깊어진 B가 딸에게 말을 걸었다.

"너는 결혼하게 되면 회사는 어떻게 할 거야? 군인은 직업상 전근이 많을 텐데."

"어쩌긴 지점으로 발령 신청해야지."

"가는 곳에 너희 회사 지점이 없으면 어쩌려고?"

"그럼 그만두면 되지."

딸의 무성의한 대답에 B는 화가 났다. 정확히 칼에 베이는 것처럼 마음 깊은 곳까지 아려오는 느낌이었다. 공양미 300석에 자기 몸을 내던진 심청이처럼 결혼에 미쳐 인생을 내던지는 것만 같아 못마땅하기만 했다. 비약적이라고 탓해도 어쩔 수 없다. 사실 B의 딸은 20대 대한민국 여성이라면 누구나 한 번쯤 들어가고 싶어 하는 항공사에 어렵게 취직한 상태였다. 긴 시간 다니고 싶었던 회사도 아쉬워하는 기색 하나 없이 너무 쉽게 그만두면 된다는 식으로 대답해버리는 딸의 태도가 서운하기만 했다. B는 결국 감정을 통제하지 못하고 비난하는 말을 내뱉고 말았다.

"네가 아주 미쳤구나."

"아, 몰라. 엄마랑은 말이 안 통해!"

"그러면서 네가 무슨 결혼이야? 너 성질머리 괴팍한 거 개도 아냐?"

모녀 사이의 대화를 듣고 있던 B의 남편이 사태를 수습하기 위해 딸에게 조심히 말을 건넸다.

"아빠 입장에서는 네가 좋아하는 사람과 결혼한다면 찬성이야. 엄마도 나도 좋은 사람이라는 것에 찬성했어. 다만 그 시기가 너무 갑작스러우니 놀라서 그런 거지. 그리고 네가 지금 엄마에게 말하는 태도는 아빠가 봐도 결혼에 완전히 마음을 빼앗겨서 합리적인 판단을 못 하고 있다고밖에 생각되지 않아."

미세하게 울먹이면서 딸은 천천히 자기 생각을 담아냈다.

"아빠처럼 이렇게 말해주면 좋은데 엄마는 내 이야기를 들어보려고 하지도 않잖아. 무조건 안 된다는 말을 먼저 하니깐 나도 짜증 나서 그랬지."

딸이라고 왜 자신의 미래와 인생에 대해 깊게 고민하지 않았겠는가? 부모에게 결혼 후 생활에 대해 진지하게 이야기하는 게 어색했던 것이다. 조금 더 자세히 말하면 죄스러운 것이다. 딸은 어렸을 때부터 B에게 "너는 결혼 일찍 하지 마라"라는 말을 귀에 딱지가 앉도록 들었다. B의 결혼 생활이 얼마나 힘든지 바로 옆에서 지켜본 사람도 다름 아닌 딸이었다. 그래서 직장 생활을 하면서 집안에 경제적으로도 도움이 되고 싶었고, B의 마음에 안정을 심어주고 싶었다. 한데 어쩌겠는가. 사랑과 결혼은 의지만으로 극복할 수 없는 문제인 것을. 딸은 딸대로 멋쩍은 나머지 자신도 모르게 마음에도 없는 말이 툭 튀어나와 버린 것이다. B 또한 딸을 걱정하는 마음이 앞서서 그랬던 것이지 딸을 자신의 뜻대로 지배하려는 의도는 전혀 없었다. 이 경우 두 사람 모두 너무 억울하다고 해야지 맞는 것일까? 두 사람 모두 그저 솔직하지 못했던 것이다.

말의 껍질 벗기기

얼마 전 나는 이스라엘 문학의 거장 아모스 오즈의 타계 소식을 접했다. 평소 너무 좋아하던 작가였기에 그리고 기회가 된다면 그를 만나고 싶다는 행복한 상상을 한 적도 있었기에 적잖은 충격을 받았다. 내가 아모스 오즈를 알게 된 것은 불과 2년밖에 되지 않았다. 문학 상담 시간 교수님께서 소개한 그의 작품《나의 미카엘》은 심장을 요동치게 했다. 소위 글발이라고 하는 그의 글솜씨에 경탄하지 않을 수 없었다.《나의 미카엘》은 29세 미혼 남성이었던 아모스 오즈가 쓴 30세 임신부 한나의 이야기다. 나는 이 소설을 읽으며 어떻게 임신한 여자의 심리를 이렇게 잘 묘사할 수 있는지 놀라울 뿐이었다.

소설에 이런 장면이 나온다. 결혼한 지 3개월 만에 임신한 사실을 알게 된 한나는 남편 미카엘에게 이 소식을 전한다. 그러자 미카엘은 정말 임신이 맞는지 두 번이나 확인하듯 물으며, 첫 아이의 경우 임신 증상을 잘못 알고 실수할 수도 있다고 말한다. 그 말을 들은 한나는 아무런 대답도 하지 않고 미카엘이 있던 방에서 그대로 일어나 나간다. 설마 '이게 뭐 어쨌는데?'라고 생각하지 않았기를 바란다. 이 장면은 서로 다른 소통 방식을 가진 두 사람이 만들어내는 갈등 상황을 단편적으로 보여준다고 할 수 있다.

미카엘은 지극히 사실적인 이야기를 전했을 뿐이다. 감정은 배제한 채 말이다. 그는 이 말이 아내의 기분을 상하게 하리라고 짐작조차 하지 못했을 것이다. 그러나 임신 소식을 전하며 한나가 남편 미카엘에게 원한 것은 어떤 사실에 대한 의학적 지식이나 확인이 아니었다. "정말? 정말 우리에게 아기가 생겼다고? 오, 신이시여 고맙습니다. 한나 고마워!"라며 진심으로 기뻐하거나 "한나, 당신 많이 놀랐겠어. 갑자기 아기가 생겼으니 불안하고 무섭기도 할 테고. 하지만 걱정하지 마. 내가 당신 곁에 있잖아"라며 따뜻하게 품에 안아주는 정도였을 것이다.

소설은 부부의 언어가 어긋나는 지점을 여러 장면에서 보여주는데, 하루는 지질학자였던 미카엘의 글이 과학지에 실리게 된다. 미카엘은 자신의 연구에 도움을 주었던 아내 한나에게 감사하다는 의미를 실어 '이 글을 이해심 많은 아내 한나에게 바친다'

는 문구를 마지막 줄에 써넣는다. 이를 본 한나는 간결하고 명확한 문장으로 생각을 표현한 것 같다고 말하며, 자신은 건조하고 사실적인 미카엘의 문체가 좋다고 덧붙인다. 그런데 미카엘은 당신의 문체가 좋다는 말보다는 '건조하다'라는 단어에 꽂히고 만다. 자신을 비난하는 뉘앙스로 느껴져 듣기 거북했던 것이다. 한나가 괜한 트집을 잡는 것이라고 생각한 미카엘은 자신은 시인이 아니라서 이렇게밖에 쓰지 못했다며 비아냥거린다. 한나는 오해를 풀어보려고 하지만, 두 사람 사이 의도치 않은 짧은 실랑이가 벌어지고 만다. 그야말로 두 사람 모두 자기 방식대로 기쁨을 나누려다 서로의 마음을 아프게 하고 만 것이다.

프랑스 언어학자 소쉬르에 의하면 언어는 사회적이고 체계적인 단어의 사전적 의미에 속하는 '랑그langue'와 개인적이고 구체적인 사연의 의미를 내포하는 '빠롤parole'로 구분해볼 수 있다고 한다. 즉 '건조하다'라는 단어의 빠롤은 한나에게는 군더더기 없이 깔끔하게 잘 표현되었다는 뜻이었고, 미카엘에게는 상대에 대한 정성이나 배려가 메말랐다는 뜻이었던 것이다. 마찬가지로 B와 딸이 서로에게 전하고 싶은 의미는 결코 비난이 아니었다. B가 딸에게 전하고 싶었던 마음은 '그동안 취직 준비하느라 스트레스도 많이 받았으니 네가 하고 싶었던 일 하면서 조금 더 즐기길 바라는 거야'였을 것이다. 그리고 딸이 B에게 전하고 싶었던 마음은 '엄마가 뭘 걱정하는지 알아. 오빠와 나 둘 중 누구라도 하고 싶은 것을 포기하지 않도록 좋은 방법을 찾아볼게'였을 것이다.

우리는 가끔 우리가 느끼는 마음을 충분히 표현할 수 있는 단어가 있음에도 불구하고 그 단어의 사용을 거부해버리곤 한다. 때로는 일부러 상처를 주기 위해 가장 아픈 단어만을 골라 상대에게 전해버리기도 한다. 그런데 그거 아는가? 갈등을 해결하기 위한 가장 좋은 방법은 단어가 지닌 오해의 껍질이 모두 벗겨질 때까지 충분히 대화하는 것이다.

숨김없이 솔직하기

자신의 감정, 생각, 신념, 의도 등을 전달하고 전달받는 과정을 일컫는 의사소통은 인간관계를 형성하고 유지하는 데 가장 기본이 된다. 서로의 의도나 생각을 원활하게 주고받으며 긍정적 감정이 교환되는 의사소통을 통해 인간관계는 더욱 친밀한 신뢰 관계로 발전할 수 있다. 따라서 관계에서 발생하는 갈등의 매듭을 풀기 위해서는 서로에게 전하고자 하는 의도나 생각이 왜곡되는 일이 없도록 자신의 마음과 표현되는 메시지가 일치하는 언어를 사용해야 한다.

—— 사춘기에 접어든 자녀와 엄마와의 관계 개선을 위해 그들의 일상을 밀착 취재하는 리얼 다큐 프로그램이 있다. 그곳에 출연한 엄마와 아들은 딱 봐도 관계의 골이 깊어 보였다. 엄마는 방에 틀어박혀 게임만 하는 아들이 마음에 들지 않았다.

"눈 떠서 잠들 때까지 만날 게임이지?"

"…"

"그럴 거면 집에도 들어오지 말고 PC방에서 게임만 해."

"그러면 나야 땡큐지!"

"뭐라고?"

"엄마가 집에도 들어오지 말고 게임만 하라며?"

"(눈동자를 굴리며 아들을 흘겨본다) 운동도 좀 하고. 어떻게 된 게 잠자는 시간보다 게임하는 시간이 더 길어?"

"매일 축구하면서 뛰는데 무슨 또 운동이야?"

"뭐? 그래서 지금 네가 잘했다는 거야?"

"그냥 신경 쓰지 마! 엄마가 언제부터 나한테 관심 있었다고 그래?"

"너는 그게 지금 엄마한테 할 소리야?"

두 사람의 신경전은 꽤 오래도록 지속되었다. 한집에 살면서도 서로 없는 사람 취급을 했다. 사실 남편과 이혼한 후 홀로 남매를 잘 키우기 위해 애쓰고 있는 엄마 입장에서 아들의 행동은 괘씸하기만 하다. 아빠와 이혼한 엄마를 원망하며 대놓고 싫어하는 것은 아닌 지 마음 한편으로는 신경 쓰인다. 그러던 어느 날 두 사람은 진지하 게 대화를 나누며 자신의 속마음을 솔직하게 전해보기로 했다. 그 때 아들이 들려준 말은 엄마의 얼어붙었던 마음을 한순간에 녹이는 난로가 되어주었다.

"난 사실 엄마가 이해가 안 됐어. 아들이니까 더 강하게 키워야 한 다고 생각했잖아? 그래서 엄마가 날 그렇게 키웠고. 그런데 오히려 난 더 약해진 것 같아."

"왜 그렇게 생각해?"

"강해야 된다면서 누나와는 다르게 나한테는 일부러 애정 표현도 안 했잖아."

"응. (놀라서 한동안 말을 못 잇다 어렵게 말을 꺼낸다) 그러면 너는 오히 려 엄마가 너한테 표현을 많이 해주기를 바란 거야?"

"아마 그랬겠지."

"엄마를 그럼 싫어한 게 아니고 좋아한 거야?"

"당연하지."

"왜?"

"엄마니까. 내 엄마니까."

엄마는 그동안 참았던 눈물이 터지고 말았다.

　사람들은 누구나 관계 안에서 상대에게 기대하는 바가 있게
마련이다. 그것이 내가 원하는 만큼 충족되지 않을 때 상대가 꽤
씸해지면서 화가 나기도 한다. 그래서 갈등의 매듭을 푸는 방법
은 간단하다고 말할 수도 있다. 내가 무엇을 원하고 느꼈는지를
솔직하게 표현하는 것이다. 또한 상대가 전하는 말을 왜곡하지
않고 솔직하게 들어주는 것이다. 알량한 자존심에 기대 마음을
숨기는 것은 갈등을 악화시킬 뿐이다. '말 안 해도 이 정도는 알
겠지'가 사실 사람 잡는 것이다. 서로를 비난하고 경멸하는 대신
배려와 연민으로 감정을 탐색해서 있는 그대로 표현한다면 관계
는 회복될 수 있다.

　언제인가 나는 너무나 고대하며 기다렸던 한 음악가의 공연을
예약한 적이 있다. 유명한 음악가였기에 공연료도 꽤 비쌌다. 아
이를 데리고 공연장으로 먼저 이동했는데, 공연 시간이 다 되어
서도 남편에게는 아무런 연락이 없었다. 조급한 마음이 커지면
서 남편의 태도가 못마땅하게 여겨졌다. 공연이 시작되기 바로
직전 남편은 공연을 함께 볼 수 없을 것 같다는 연락을 해왔다.
나는 서운한 감정을 표현하기보다는 "어쩔 수 없지. 괜찮아"라고
대답했다. 그런데 그 후 얼마간 좋은 공연 티켓을 버려야 했던 것

을 속상해하며 남편에게 불쑥 이야기하거나, 남편과의 대화 중간중간 약속을 지키지 않고 효율적으로 대처하지 못했다는 뉘앙스의 비난을 반복했다. 이것은 관계를 파괴하는 대화다.

갈등을 키우지 않고 해결하기 위해서는 이렇게 바꿀 수 있어야 한다. "너무 좋은 공연이라서 함께 보는 것에 기대가 컸는데, 그러지 못해서 많이 속상하네. 미리 연락했더라면 ○○가 클래식을 좋아하니 데리고 가도 좋았을 텐데. 어떤 방법으로든 내가 그 상황을 대처할 수 있었다면 속상함이 덜했을 것 같아." 속마음과 표현되는 메시지를 일치시키는 것이다. 그러면 남편도 비난받는 느낌을 덜 받았을 것이다.

의사소통 과정에서 일어나는 갈등을 방지하기 위해서는 메시지에 담긴 의도, 생각, 감정이 왜곡되지 않도록 방해 요인을 제거하는 것이 무엇보다 중요하다. 그러려면 우선 상대에게 전하고자 하는 마음이 무엇인지를 명확히 인식해야 한다. B의 경우 딸을 생각하는 마음과 걱정, 미래를 행복하게 그렸으면 하는 희망을 전하고자 했었다는 점을 인식하는 것이다. 둘째, 정확한 단어와 어휘를 통해 명료하게 전달해야 한다. '가족이니 말 안 해도 다 아는 거 아니야?'라는 암묵적 메시지는 갈등을 키우는 가장 큰 방해 요인이 된다. 셋째, 메시지를 전달하는 전달 매체와 경로를 신중하게 선택해야 한다. 서로에 대해 좋지 않은 감정이 팽배해져 있는 상황에서 글자(문자 메시지, SNS 메신저, 이메일, 편지 등)로 전달된 메시지는 발신자의 감정이 아닌 수신자의 기분 상태로 읽히기 때문에 의미의 해석을 놓고 의견이 분분할 수 있다. 넷째, 내가 전하고자 하는 의도, 생각, 감정이 상대에게 잘 전달되었는지 꼭 확인해야 한다. "내 생각은 이런데 어떤가요?", "제 이야기가 기분 나쁘게 들리지는 않으셨죠?", "제가 생각한 것이 맞을까요?" 등으로 물어볼 수 있다면 좋다. 다섯째, 효과적인 전달을 위해 눈 맞춤, 얼굴 표정, 목소리의 높낮이, 몸동작 등의 비언어적 메시지를 적절하게 활용해야 한다.

경험적 가족치료자 샤티어는 좋은 관계를 형성하고 유지하기 위한 의사소통 유형으로 '일치형'을 제시한다. 일치형은 자신의 내면에서 느끼는 감정과 생각을 정확하게 알아차려서 적절한 단어로 진솔하게 표현하는 것이다. 따라서 갈등의 매듭을 풀기 위해서는 내가 습관적으로 어떤 행동을 하는지, 그 매듭을 풀기 위해 어떻게 대처하는지 그리고 그 과정에서 어떤 언어를 사용해 표현하는지 아는 것이 필요하다. 가장 쓸모 있는 무기는 '솔직함'이며, 가장 쓸모없는 무기는 '숨김'이다.

함께 건너는

관계 브리지

우리는 인간관계에서 원치 않는 상황이 발생하면 분노, 불안, 실망감, 좌절, 섭섭함, 원망, 배신과 같은 부정적 감정을 느끼게 됩니다. 이러한 부정적 감정을 해소하지 못하고 쌓아둘 경우 갈등은 더욱 악화될 수 있습니다. 그래서 갈등 해결과 발전적인 인간관계를 위해서는 긍정적 감정보다는 부정적 감정을 느꼈을 때어떻게 표현하는지가 더 중요합니다.

관계에서 느낀 부정적 감정을 표현하기를 꺼리는 이유는 사람들이 나를 어떻게 판단할까 생각하기 때문입니다. 이해심이 부족한 편협한 사람, 속 좁은 사람, 자기감정만 앞세우는 이기적인 사람으로 여길까 봐 두려운 것이죠. 그렇다고 감정의 찌꺼기를 비우지 않고 놓아두면 언제까지고 미해결 과제로 남아 더 큰 화를 만들게 됩니다. 상대의 마음을 상하지 않게 하면서 원하는 방향으로 행동이 변화될 수 있도록 감정과 생각을 솔직하게 전달하는 방법을 연습해보면 어떨까요?

우선 자신을 평가, 비난, 판단하는 느낌이 들도록 하는 "너는 나쁜 놈이야", "당신은 너무 이기적이네요", "너무 형편없다고 생각하지 않나요?" 등과 같은 공격적 표현은 되도록 하지 않습니다. 잘못의 책임이 상대에게 있다고 탓하는 "너 때문에 이렇게 된 거잖아", "네가 그렇게 선택하지만 않았더라면", "당신의 말을 듣는 게 아니었어" 등의 표현은 상대로 하여금 방어와 저항을 일으키기에 주의해야 합니다. 상대의 행동을 통제하거나 지배하려는 "앞으로 그런 말 하지 마", "더는 제 일에 참견하지 말아주세요", "그렇게 행동하지 말아줄래" 등의 표현 또한 인격적 가치를 무시하는 것으로 들릴 수 있으니 삼가야 합니다.

그렇다면 어떻게 표현하면 좋을까요? 주어를 '너'에서 '나'로 바꾸는 것입니다. "저는 그 말을 들었을 때 마음이 너무 아팠어요", "제가 무시당한다는 느낌이 들어 속상했어요", "내가 서운했던 것은 네게 존중받고 싶었기 때문이야"로 말이죠. "하지 마라"는 표현은 "해주기를 바란다"는 긍정적 표현으로 바꿔서 전달해봅니다. 더불어 불쾌감을 주는 직선적이며 공격적 표현이 아닌 내 감정과 생각, 기대와 욕구를 솔직하게 전하기 위해서는 용기가 필요합니다.

오해와 이해 사이에서
갈팡질팡하고 있다면

의도야 어찌되었든

우리 가족은 언니네 집을 자주 가는 편이다. 가까운 거리에 살고 있고, 외동인 아이가 사촌 언니, 오빠와 노는 것을 무척 좋아하기 때문이다. 게다가 작년부터 키우고 있는 앵무새 그린칙 코뉴어 두 마리가 "안녕!"이라며 말을 하기 시작했는데, 이게 신기한 아이가 주말만 되면 이모네에 가야 한다고 노래를 부른다.

망고와 짠지, 앵무새 두 마리를 지켜보고 있으면 여간 우스운 게 아니다. 망고와 짠지는 과일을 좋아한다. 한번은 사과를 깎아서 조금 떼어놓고 "망고야, 짠지야, 이리 와 과일 먹어"라며 불렀다. 두 마리가 천천히 주변을 경계하며 걸어 나오는가 싶더니 순간 망고가 짠지를 사과 조각이 있는 쪽으로 살짝 밀치는 것이 아닌가? 짠지가 사과를 조금씩 떼어 먹으면 뒤쪽에 서서 이것을 지켜보던 망고가 안심한 듯 슬그머니 와서 떼어 먹었다. 그 뒤로도 과일을 줄 때마다 짠지가 먼저 맛을 보고 나면 망고는 입을 댔다. 언니는 우스갯소리로 "아유, 불쌍한 짠지는 늘 망고 기미상궁이야"라고 말했는데, 나는 그 말이 딱 적절한 표현 같아서 한참을 웃었던 기억이 난다.

혹시 망고가 하는 짓이 얄미워 보이는가? 아니면 지혜로워 보이는가? 과연 이것을 어느 쪽이 맞다 혹은 틀리다로 정의 내릴 수 있을까? 내가 어떤 관점에서 보느냐에 따라 다른 것이 아닐까? 조심성 있고 침착하다고 여긴다면 지혜로워 보일 것이고, 자신의 안위를 위해 친구를 이용했다고 여긴다면 천하에 자기밖에 모르는 지독히 영악스러운 앵무새로만 보일 것이다. 나는 이러한 시선이 사람에게도 크게 다르지 않게 작동한다고 생각한다. 어떤 것의 의미와 의도를 해석하는 일은 주관적이며 상대적일 수밖에 없다는 뜻이다.

—— 마지막 지하철 운행 시간이 Q의 퇴근 시간이 되는 날이 많다. 아침에도 일찍 출근하다 보니 늘 잠이 부족하고 피로도가 높

은 편이다. 주말에라도 늦잠을 자고 싶은 것이 어쩌면 당연할지 모른다. 하지만 아내 입장에서는 주말 아침이라도 잘 챙겨 먹이고 싶은 마음이 크다. 아침부터 밥을 먹자며 Q를 깨운다. Q는 밥보다는 잠이 더 필요한지라 주말 아침의 이른 식사가 힘들기만 하다. 결국 "아, 너무 피곤해. 나 잠 좀 자자. 휴일에라도 마음껏 쉬어야 할 것 아니야!"라며 짜증 섞인 목소리로 대꾸한다. 아내는 애써 차린 밥을 먹지도 않고 잠을 자는 Q가 섭섭하다. "누구는 아침부터 일어나서 밥상 차리는 거 쉬운 줄 알아? 기껏 생각해서 차려주었더니, 됐다 됐어. 앞으로 밥 차려달라고 하기만 해!"라고 소리치며 문을 쾅 닫는다. 둘 중 누구의 입장이라도 우리는 충분히 공감할 수 있다. 각자는 말할 것이다. 억울하다고. 의도가 그야말로 선했기 때문이다.

그런가 하면 결혼을 앞둔 Z에게는 고등학생인 어린 예비 처제가 있다. 결혼 전 처제의 점수를 크게 따고 싶었던 Z는 연예계에서 일하는 친구에게 오랜만에 연락을 했다. 처제가 좋아하는 가수가 출연하는 공연 티켓을 구하고 싶어서였다. Z에게는 간절한 일이었겠으나, 갑자기 연락받은 친구 입장에서는 곤욕스러운 일이었으리라. Z의 의도가 나쁘다고 할 수 있을까? 처가에 잘 보이고픈 마음이 만들어낸 일이기에 이해가 안 되는 것은 결코 아니다. 이렇게 해서 정말 티켓이라도 구하게 된다면 Z는 굉장히 센스 있는 예비 형부로 단박에 점수가 올라갈 것이다. 반대로 친구에게는 자기가 필요할 때 연락하는 실리만을 추구하는 사람으로밖에 평가받지 못할 것이다.

또한 이런 경우도 있다. 어렵게 부모로부터 독립을 허락받은 T는 거주할 오피스텔을 알아보느라 극심한 스트레스를 받고 있었다. 그러다 금액도 위치도 자신이 원하는 좋은 물건이 나와 부동산과 이야기해서 입주를 결정했다. 하지만 사회 초년생이었던 T의 수중에는 서울 중심가에 오피스텔을 얻을 만큼의 돈이 없었다. 할 수 없이 전세금 대출을 받기로 했는데, 집주인이 이를 거부했다. T는 상심이 이만저만 아니었다. 그때 평소 알고 지내던 친구로부터 전화가 걸려왔다. T는 친구에게 자신의 침통한 상황을 전했다. 친구는 어젯밤 T가 나오는 결말이 그다지 좋지 않은 꿈을 꿨다면서 일이 이렇게 되려는 꿈이었나 보다는 소리를 했다. T는 어이가 없었다. 자꾸 무언가를 일러주는 친구의 말이 전혀 귀에 들어오지 않았다. 결국 "내가 지금 전화 받을 기분이 아니야. 먼저 *끊을게*" 하며 전화를 끊어버렸다.

우리 대부분은 좋은 의도를 가지고 상대에게 다가간다. 그런데 어찌된 일인지 간혹 상대는 내가 기대한 반응과는 전혀 다르게 기분 나빠하며 분노하기도 한다. 각자가 처한 입장이 다르거나, 내게 좋은 일이 상대에게도 그럴 것이라고 성급하게 판단하거나, 상대의 상황을 전혀 고려하지 못한 상태에서 전달했거나 등 그 이유도 다양하다. 결과적으로는 내 의도가 제대로 전달되지 못했기 때문이다. 이것은 갈등의 매듭을 더욱 복잡하게 엉클어뜨리기도 한다. 결국 인간관계에서 의도야 어찌되었든 그 말과 행동에 상대가 상처를 입었다면 결코 좋은 의도로 해석될 수 없다. 물론 당사자 입장에서는 억울할 수도 있다. 그렇다고 내 억울한 감정을 이해해달라고 상대에게 요구한다면 관계가 더욱 악화되기만 할 것이다. 그럴 때는 이렇게 말해보자.

Q: "당신도 휴일에 쉬고 싶었을 텐데 아침 차리느라 고생했어. 고맙고 미안해. 너무 피곤해서 그랬어."

Q의 아내: "당신이 휴일을 얼마나 기다렸을지 이해 못 하는 바도 아닌데 짜증 내서 미안해. 나는 먹는 거라도 잘 챙겨주고 싶은 마음에 그랬어."

Z: "오랜만에 연락해놓고 티켓 부탁해서 기분 상했지. 미안하다. 처제에게 잘 보이고 싶은 마음에 네 상황을 고려하지 못했다."

T의 친구: "가뜩이나 속상했을 텐데 내가 더 보태서 미안하다. 기분을 풀어준다는 게 그만."

의도가 퇴색되어 관계가 위태로워졌다면 우선 사과하라. 그리고 오해를 풀어라. 혹여 사과보다 오해를 풀기 위해 해명하는 것을 우선하게 된다면 관계의 끈은 어떤 해명의 기회도 주지 않은 채 끊어질지도 모른다.

오만과 편견

어느 날 우편물 하나를 받았다. 보내는 사람에 법무부 장관이라고 적혀 있다. 순간 '뭐지? 내가 나도 모르는 사이 무슨 죄라도 지었나? 어디로 출두하라는 거 아냐?'라며 아주 짧게 1초쯤 머리가 노래지는 긴장감을 느낀 것 같다. 다행히 봉투를 뜯어보니 감사 연하장이었다. "휴, 이래서 죄짓고는 못 사나 보다." 안도의 숨을 내쉬었다.

나는 법무부의 교정위원으로 활동하며 매월 한두 차례 서울의 모 구치소에서 남녀 수감자들을 대상으로 인성 교육을 하고 있다. 벌써 4년이 되었다. 지금은 교육 중간중간 농담을 주고받을 정도로 편해졌지만, 처음 수감자들을 만나던 날은 긴장이 많이 되었다. 약간 두렵기도 했다. 막연하게 머릿속으로 그리고 있던 범죄자에 대한 편견 때문이었다. 그런데 나와 마찬가지로 그들 또한 처음에는 나를 배척했었던 듯하다. 한번은 여자 수감자들을 대상으로 감정 조절 교육을 하던 중 한 명의 수감자에게 이런 질문을 받았다.

"강사님은 이런 데 왜 오시는 거예요? 싫기도 하고, 무섭기도 할 텐데."

예상치 못한 질문에 당혹스러웠다. 그렇다고 '나 지금 떨고 있어'를 알릴 수는 없었다. 나는 최대한 평온한 척하며 말했다. "사실 다른 교육 때와 똑같다고 말씀드릴 수는 없어요. 긴장되는 것이 사실입니다. 그런데 저도 수년째 하다 보니 지금은 그렇게까지 긴장되지는 않아요"라며 내가 이 교육을 하게 된 동기와 어떤 마음으로 인생을 살고 있는지 짧게나마 전했다. 수년째 하고 있다고 하니 그 수감자는 알겠다는 표정으로 고개를 끄덕여주었다. 그들도 나에 대한 편견을 가지고 있었던 것이다.

—— O는 한 기업의 인재개발팀에서 CS교육을 담당하고 있다. O는 입사해서 첫 환영 회식을 했던 날을 잊지 못한다. 선배가 다가와 O에게 인사를 건네는데, 그 말투가 영국의 대저택 실루엣 액자에서 금방 튀어나온 귀족 부인처럼 고고했기 때문이다. 현실적이지 않았다. 그리고 O를 천천히 훑어보더니 작은 목소리로 "브로치 같은 거 하지 마. 사람들이 별로 안 좋아해"라고 말했다. O는 "아… 네, 알겠어요"라고 대답하면서도 '혹시 텃세하는 건가? 왜 보자마자 지적이야'라는 생각이 들어 기분이 나빴다. 그 후로도 선배는 O

에게 '옷은 무채색 정장을 입어라, 화려한 장식품은 하지 않는 편이 좋다, 출근하면 무조건 돌아다니며 인사부터 해라, 절대 먼저 퇴근하지 마라' 등 조직의 특성에 대해 끊임없이 조언하는 것을 멈추지 않았다.

O에게는 조직에 적응하는 비법이라도 전수하듯 참견하던 선배는 정작 전체에 귀속되기보다는 늘 개인주의적 성향을 강하게 드러냈다. 팀 전체가 식사하러 갈 경우 직원들은 부장님이 고르신 음식에 맞춰서 주문하는데, 유독 그 선배만은 자신이 먹고 싶은 음식을 망설이지 않고 주문했다. 다들 아메리카노를 들고 있을 때도 선배는 발음하기도 어려운 리스트레토 비안코를 들고 있었다. 이쯤 되니 직원들이 그 선배를 보는 시선이 그리 곱지만은 않음을 알 수 있었다. O 또한 나서기 좋아하고, 눈치도 없으며, 자기중심적으로 행동하는 사람이라고 여기기 시작했다. 그러자 선배의 행동 하나하나가 튀어 보이기만 했고, '꼭 저렇게 이야기해야 직성이 풀리나?'라며 어느 부분에서는 꼬리표를 붙이기도 했다. 사람을 보는 자신의 직관은 틀린 적이 없었기에 이번에도 자신이 본 모습이 맞을 것이라고 생각했다.

5년 남짓 함께 근무한 지금, 선배에 대한 O의 생각은 완전히 바뀌었다. 쭉 겪어보니 선배는 자신에게 솔직한 사람이었을 뿐 튀어 보이기 위해 나서거나 잘난 척하는 사람이 아니었다. 첫 만남에서 몇 가지 조언했던 것들도 지켜야 한다고 강하게 요구하지도, 지키지 않았다고 트집을 잡은 적도 없었다. 정말이지 선배 입장에서는 이제 막 입사한 O가 직장에 잘 적응할 수 있도록 힌트나 주자였던 것이다. 게다가 다른 동료들에게서 느꼈던 소소한 짜증과 섭섭함을 오히려 선배에게서는 거의 느끼지 못했다. 일 처리에서 선배는 그야말로 프로였다. 자신의 일을 미루면서 책임을 전가하지도, 업무 납기일을 맞추지 못해 동료들을 곤욕스럽게 하지도 않았다.

함께 지내며 경험한 선배는 관계에서 주고받는 것들에 대해 앞질러 계산하고 평가하는 부류의 사람이 아니었다. 오히려 개인주의적 성향이 강했기에 집단주의적 성향이 강한 O와 동료들에게는 다소 낯설었다는 표현이 맞을 것이다. 그래서 O는 자신이 알고 있는 선배의 모습이 전체이며 진실이라는 오만 속에서 편향된 견해를 한동안 유지했던 것이다. 이러한 편견은 갈등의 매듭을 푸는 데 방해 요인으로 작용했다.

어느 날 O와 선배는 마주 앉아 이야기를 나눌 기회가 있었다. O는 용기가 나지 않아 미루어두었던 말을 꺼내기로 했다. 그동안 오해가 있었다며 혹시라도 의식하지 못한 상황에서 자신이 선배를 속상하게 하는 행동을 했다면 앞으로 좋은 모습으로 풀어나가기를 바란다고 말이다.

오해와 추측은 오만을 낳는다. 나는 이미 너에 대해 모든 것을 알고 있다는 오만은 갈등을 부추기는 편견의 지지대가 된다. 그러니 누군가를 향한 편향될 지각을 거두는 것이야말로 갈등에 대처하는 초심이라고 할 수 있다.

하나가 아닌 여럿이라면

체계 이론의 창시자 그레고리 베이트슨은 우리에게 두 가지 질문을 한다.

"한 사람이 발로 큰 바위를 치면 어떤 일이 일어날까?"
"한 사람이 개를 차면 어떤 일이 일어날까?"

발로 바위를 치면 내 발만 아프다. 그러나 살아 있는 개를 찬다면 이야기는 달라진다. 그 개가 달려들어 오히려 내가 위험해질 수도 혹은 개 주인이 나타나서 시비가 붙을 수도 있다. 인간관계는 나와 타인, 세상과의 상호작용을 통해 이루어진다. 이때 상호작용을 완성시키는 요인은 수없이 많다. 그러니 갈등이 발생하면 그 원인을 어느 하나의 직선적 인과관계로 한정 지을 수 없는 것이다.

  나는 한동안 결혼 생활을 유지하는 과정에서 남편과 나 사이에 발생했던 여러 가지 갈등을 해결하는 방식으로 원인을 찾는 데 집중했다. 그때마다 나는 어리석게도 갈등에 직접적 원인을 만든 사람 가해자와 그로 인해 상처받은 피해자로 분리하는 실수를 반복했다. (짐작했을 수도 있지만) 대부분 피해자는 나였으며, 가해자는 남편이었다. 내가 피해자가 되는 순간 남편의 모든 행동은 비난받아 마땅한 것으로 치부되기 일쑤였다. 어떤 일에 있어서 만족스럽지 못한 결과가 나오면 남편과 함께 공동 책임을 지기보다는 무작정 남편을 탓할 때가 많았다. 불만족스러운 내 감정과 사고, 행동 패턴은 남편에게 공격적으로 표출되었고, 부부 관계는 더욱 악화될 수밖에 없었다. 그러다 감정 공부를 시작했을 무렵에는 문제를 해결하기 위해 전처럼 남편을 탓하지 않는 대신 모든 것을 내 책임으로 돌렸다. 내 변화를 통해서 해결의 실마리를 찾으려는 방법을 쓴 것이다. 성숙하게 갈등을 해결하기 위해서는 단순히 가해자와 피해자의 역할을 바꾸는 데 그치지 않고 공동 책임과 다중 인과관계를 비중 있게 다루어야 한다는 점을 그때는 미처 알지 못했다.

  아이의 육아를 맡아주고 있는 친정엄마와 나 사이에는 가끔 불편한 감정의 기류가 형성되곤 한다. 나는 으레 섭섭함을 느끼는 동시에 '엄마가 아이를 재우지 않고 늦게까지 TV를 자꾸 틀어줘서 그래'라는 식으로 엄마를 탓한다. 마치 문제의 원인이 엄마에게 있는 것처럼 말이다. 하지만 그 문제를 여러 방면에서 찬찬히 들여다보면 엄마뿐 아니라 나와 남편, 아이까지 공동 책임을 져야 한다. 갈등을 해결하기 위해서는 습관적으로 표출했던 방어기제와 대화 방식을 멈추고, 각자 입장에서 건설적으로 변화할 수 있도록 '책임'과 '탓'에 대해 생각해볼 필요가 있다.

매일 아침 아이의 등교 준비를 하는 과정에서 열 살 아이와 일흔이 넘은 친정엄마 사이에 실랑이가 벌어진다. 잠에서 깨기 힘들어하는 아이를 깨우며 엄마는 간혹 크게 소리를 지르거나 짜증 섞인 말을 내뱉는다. 나는 그런 엄마의 행동이 신경 쓰이면서 불만스러웠다. 아이의 애착에 좋지 않은 영향을 미칠 수도 있기에 예민해질 수밖에 없었다. 엄마가 아이에게 좀 더 부드러운 말로 표현해주면 좋겠다는 생각을 했다. 그래서 몇 차례 엄마에게 이런 생각을 전달했으나, 안타깝게도 쉽게 바뀌지는 않았다. 나는 '엄마는 원래 다정하지 않아. 예전에도 그랬어'라는 엄마를 향한 나만의 신념을 굳히는 작업을 했다. 그러다 문득 '이게 진짜 엄마만의 문제일까? 엄마만 바뀌면 모든 게 평화로워진다는 거야?'라며 스스로에게 질문을 해보았다. 이야기가 달라졌다. 엄마만의 문제가 아니라 나와 남편, 아이 모두가 서로에게 영향을 미치고 있었다.

아이가 이른 아침 일어나기 힘든 이유는 지난밤 늦게 잤기 때문이다. 아이가 늦게 자는 이유는 퇴근 후 늦게 귀가하는 엄마와 아빠에게 학교에서 있었던 일을 들려주고 싶기 때문이다. 평화로운 아침 일상을 그리고 싶은 게 목적이라면 그 목적지로 갈 수 있는 길은 단순히 엄마의 거친 표현을 부드럽게 고치거나 TV를 끄면 된다는 식의 단순한 논리로 성립될 수 없었다. 아이가 좀 더 일찍 잠자리에 들 수 있도록 나와 남편이 스케줄을 조절해야 하고, 그러려면 업무 처리를 구체적으로 몇 시까지 마무리하면 좋을지 예상해야 한다. 또한 업무 처리를 제때 끝내기 위해서는 업무에 어떻게 집중하면 좋을지 방법을 찾아봐야 한다. 이렇게 인간관계에서 발생하는 갈등의 문제는 하나의 단일화된 원인이 아니라, 여러 개의 다중 원인이라는 다각적 관점에서 접근해야 하는 것이다.

갈등 상황이 만들어지면 그 상태로 관계를 유지하는 것이 불편하기에 많은 사람은 빠르게 문제를 해결하고 싶어 한다. 그러다 보니 가해자와 피해자의 관점에 입각해서 문제를 바라보는 이분법적 사고에서 벗어나지 못하고 편협해진 사고 체계 안에서 상대를 탓하게 되는 것이다. 나와 너의 여러 가지 심리적 요인이 상호작용 하는 인간관계 속에 존재하는 갈등을 이해하기 위해서는 서로의 관점에서 조금 더 객관적으로 살펴보려는 노력이 필요하다. 문제가 발생했을 때 어떤 관점이 옳고 그른지를 묻는 대신 다음과 같은 질문을 통해 왜곡된 대인신념을 만드는 사고에 변화를 줄 수 있어야 한다.

"대립하는 두 개의 사실이 서로 어떻게 연결되어 있는가?"
"각자가 주장하는 관점은 어떤 배경에서 비롯되었는가?"
"나와 상대 관점의 공통점과 차이점은 무엇인가?"
"이 관점은 언제 잘 맞고 언제 맞지 않는가?"

내가 진리라 믿고 있던 명제가 상대에게는 또 다른 의미로 해석될 수도 있다는 점을 우리는 한시도 간과해서는 안 될 것이다.

함께 건너는

관계 브리지

인간관계에서 발생하는 갈등을 해결하는 데 가장 중요하지만 잘 지켜지지 않는 것 중 하나는 우리 모두가 다르다는 '다름'을 인정하는 것입니다. 모든 사람은 자신의 지각을 통해 타인과 세상을 해석하기에 오해와 추측이 난무하고, 오만과 편견 속에서 갈등은 점점 깊어지기도 합니다. 그럴 때는 서로의 관점을 존중하는 것부터 시작해보세요. 내가 느끼는 감정이 있다면 상대도 분명 느끼는 감정이 있을 테니 그것을 세심하게 바라봐주는 것입니다. 구체적으로는 내가 아닌 상대 또는 그 외의 관계자에게 동일한 상황에 대해 순환 질문을 해보는 것입니다.

"나는 지금 이 상황을 어떻게 느끼고 있는가?"라고 묻기보다는 "당신의 남편은 이 상황을 어떻게 느낀다고 생각하시나요?"라고 묻습니다. 내가 느끼는 감정과 생각이 나와 상대를 연결하는 매개체가 되어주는 것이죠. 관계 그 자체를 묻기보다는 관계가 어떻게 보이느냐고 묻는 것입니다. 이는 타인을 통해 내 사고와 지각을 객관적으로 보기 위함입니다.

"당신의 자녀가 원치 않은 이상 행동을 할 때 당신의 남편은 무엇을 하고 있나요?"

"당신이 무엇을 원한다면 그것은 누구에게 문제가 되나요?"

"이것에 대해 누가 가장 불안해하나요? 그다음은 누구인가요?"

"그렇게 되면 그는 당신에게 무슨 이야기를 합니까?"

"당신의 남편이 다른 설명을 하는 까닭은 무엇인가요?"

"누군가 당신의 삶을 영화로 만든다면 어떤 이야기가 펼쳐질 것 같습니까?"

내가 느끼는 감정과 생각이 어떻게 전달되는지 알아볼 수 있는 질문들입니다. 갈등 상황에 놓이게 되면 사람들 대부분은 자신의 감정에만 집중하느라 관계를 망치기도 합니다. 하지만 이러한 질문을 통해 내게 집중된 사고를 상대에게로 잠시 옮겨봅니다. 갈등 상황을 다른 관점에서 볼 수 있는 새로운 눈을 갖게 될 것입니다.

관계,
그럼에도 불구하고

드디어 11개월 동안 이어졌던 고민에 종지부를 찍게 되었습니다. 책을 준비하며 스스로 많은 생각에 빠지곤 했습니다. 내가 과연 이 책을 쓸 자격이 있는가? 잘 쓸 수 있는가? 책을 쓰기 시작하면서는 이 내용으로 독자들에게 과연 공감을 얻고 감동을 줄 수 있는가? 걱정과 두려움이 엄습해오는 밤을 얼마나 보냈는지 모릅니다. 어느 날은 자다가 악몽에 시달리기도 했으니 말입니다. 그렇게 어린아이가 걸음마를 떼듯 더듬더듬 천천히 11개월을 꽉 채워 썼습니다.

어떤 이야기는 감추고 싶기도 했습니다. 그렇게 한 번씩 원치 않던 관계 속에 내던져진 저를 만난 날은 앞으로 나아가지 못하고 멈춰 있었습니다. 하지만 그때마다 솔직하게 전하자고 용기를 냈습니다. 그렇게 제 껍질을 조금씩 벗었던 것 같습니다. 생각해보면 저만큼 관계에 상처가 많은 사람이 또 있을까 싶을 정도로 저는 다른 사람과의 관계 속에서 상처를 주기도 많이 주었고, 받기도 많이 받았습니다. 이제 지치기도 할 법한데 여전히 저는 관계 속에서 서툴게 살아가고 있습니다.

이 책이 완성되기까지도 저는 관계 속에서 수많은 사람의 도움을 받았음을 고백합니다. 그래서 제게 허락된 마지막 페이지는 사람이 가진 연민의 향기가 얼마나 따뜻한지를 느끼게 해주었던 분들과 함께하려고 합니다. 우선 이 책이 완성될 수 있도록 저를 붙잡아준 하느님과 하늘에서 흐뭇하게 막내딸을 바라보고 계실 사랑하는 아빠에게 감사드립니다. 원고 작업이 마무리될 즈음 스트레스가 커지면서 저는 굉장히 예민해졌고, 많은 감정을 가족들에게 조금씩 흘려보내고 있었습니다. 그때마다 제 지친 마음을 다독이며 끝까지 원고를 마무리할 수 있도록 "엄마, 파이팅! 엄마는 잘할 수 있어. 사랑해 쪽쪽쪽"을 외쳐주던 사랑하는 딸 하윤이와 남편, 엄마를 비롯한 친정 식구들과 매번 응원을 아끼지 않았던 시댁 식구들 고맙습니다. 원고에 집중할 수 있도록 제게 공간과 간식을 모두 양보해준 연남동 사무실 패밀리와 소스토리 투박과 이지ONE, 쓴소리와 더불어 "글 참 잘 써"라며 용기를 북돋아준 동생 슈퍼맨, 내가 잘 살아 있는지 매일 체크해준 데스티니 백, 영원한 내 편 JJ클럽 친구들과 한마음으로 나를 응원하는 쑥쑥이들, 마음으로 봉사하는 심리야살롱 운영진, 책의 중반부를 채울 수 있도록 맛깔스러운 밑반찬들로 큰 배려를 보여준 여수 돔비치 펜션 직원들과 광양 시인 그리고 그 밖에 저를 응원해주신 모든 분께 감사를 전합니다. 특별히 글을 쓰며 사는 것이 얼마나 무한한 영광인 줄 알게 해주신 필로소피아 양운덕 교수님과 심리상담사로의 길에 불을 밝혀주고 계신 박재우 교수님께 진심으로 감사를 전합니다.

저는 베토벤의 음악을 참 좋아합니다. 마음이 아플 때마다 그의 음악에 빠져 상처를 치유하곤 합니다. 그의 음악은 모차르트의 음악처럼 화창한 봄날이나 맑은 하늘이 아닙니다. 그의 음악은 무거운 듯 차갑고, 짙은 안개가 내려앉은 늦가을 새벽 호숫가 같습니다. 그런 그의 음악은 어떤 연주자와 지휘자를 만나느냐에 따라 전혀 다른 곡으로 바뀐다는 것을 알았습니다. 일례로 베토벤의 〈교향곡 제7번〉은 푸르트벵글러 지휘로 들으면 37분 34초 동안 감상할 수 있습니다. 하지만 오트마 쥬이트너 지휘는 43분 37초 동안 연주합니다.

음악과 미술처럼 예술 작품에만 감상하는 사람의 관점이 개입되는 것일까요? 저는 아니라고 생각합니다. 사람은 이보다 더하다는 것을 우리 모두는 잘 알고 있습니다. 나와 타인이 해석하는 세상도 베토벤의 음악처럼 각자의 감성이 함께 버무려져 펼쳐진다는 것을 이 책을 통해 한 번 더 느끼게 되었기를 바랍니다. 여러분 앞에 있는 사람과의 틈을 메워주는 '연민의 공감'으로 작용될 수 있기를 바랍니다. 마지막으로 우리 모두의 평화를 빌어봅니다.

뒤엉킨 관계의
끈을 푸는 기술

초판 1쇄 발행 2019년 3월 27일

지은이 손정연
펴낸이 이지은
펴낸곳 팜파스
기획편집 임소연
디자인 어나더페이퍼
마케팅 정우룡, 김서희
인쇄 (주)미광원색사

출판등록 2002년 12월 30일 제10-2536호
주소 서울특별시 마포구 어울마당로5길 18 팜파스빌딩 2층
대표전화 02-335-3681 팩스 02-335-3743
홈페이지 www.pampasbook.com | blog.naver.com/pampasbook
페이스북 www.facebook.com/pampasbook2018
인스타그램 www.instagram.com/pampasbook
이메일 pampas@pampasbook.com

값 14,000원
ISBN 979-11-7026-239-8 (03180)
ⓒ 2019, 손정연

이 도서의 국립중앙도서관 출판예정도서목록(CIP)은 서지정보유통지원시스템 홈페이지(http://seoji.nl.go.kr)와 국가자료공동목록시스템(http://www.nl.go.kr/kolisnet)에서 이용하실 수 있습니다.(CIP제어번호: CIP2019008249)